educamos·sm

Caro aluno, seja bem-vindo à sua plataforma do conhecimento!

A partir de agora, você tem à sua disposição uma plataforma que reúne, em um só lugar, recursos educacionais digitais que complementam os livros impressos e são desenvolvidos especialmente para auxiliar você em seus estudos. Veja como é fácil e rápido acessar os recursos deste projeto.

1 Faça a ativação dos códigos dos seus livros.

Se você NÃO tiver cadastro na plataforma:
- Para acessar os recursos digitais, você precisa estar cadastrado na plataforma educamos.sm. Em seu computador, acesse o endereço <br.educamos.sm>.
- No canto superior direito, clique em "**Primeiro acesso? Clique aqui**". Para iniciar o cadastro, insira o código indicado abaixo.
- Depois de incluir todos os códigos, clique em "**Registrar-se**" e, em seguida, preencha o formulário para concluir esta etapa.

Se você JÁ fez cadastro na plataforma:
- Em seu computador, acesse a plataforma e faça o *login* no canto superior direito.
- Em seguida, você visualizará os livros que já estão ativados em seu perfil. Clique no botão "**Adicionar livro**" e insira o código abaixo.

Este é o seu código de ativação! → **DKWKE-X4KBR-AY4TP**

2 Acesse os recursos.

Usando um computador

Acesse o endereço <br.educamos.sm> e faça o *login* no canto superior direito. Nessa página, você visualizará todos os seus livros cadastrados. Para acessar o livro desejado, basta clicar na sua capa.

Usando um dispositivo móvel

Instale o aplicativo **educamos.sm**, que está disponível gratuitamente na loja de aplicativos do dispositivo. Utilize o mesmo *login* e a mesma senha da plataforma para acessar o aplicativo.

Importante! Não se esqueça de sempre cadastrar seus livros da SM em seu perfil. Assim, você garante a visualização dos seus conteúdos, seja no computador, seja no dispositivo móvel. Em caso de dúvida, entre em contato com nosso canal de atendimento pelo **telefone 0800 72 54876** ou pelo **e-mail** atendimento@grupo-sm.com.

BRA145330_657

cercanía

espanhol

6º ano

Ludmila Coimbra
Licenciada em Letras – Espanhol pela Universidade Federal de Minas Gerais (UFMG).
Mestra em Letras – Estudos Literários pela UFMG. Professora do Ensino
Fundamental, do Ensino Médio e do Ensino Superior. Pesquisadora na área de
Linguística Aplicada ao ensino de Língua Estrangeira.

Luíza Santana Chaves
Licenciada em Letras – Espanhol pela UFMG. Mestra em Letras – Estudos Literários
pela UFMG. Professora de Espanhol no curso de Língua Estrangeira do Centro
Pedagógico da UFMG. Professora de Educação de Jovens e Adultos, do Ensino
Fundamental, do Ensino Médio e do Ensino Superior.

José Moreno de Alba
Doutor em Letras pela Universidad Nacional Autónoma de México (Unam).
Membro da Academia Mexicana de la Lengua, da qual foi diretor de 2003 a 2011.
Ex-secretário da Asociación de Lingüística y Filología de América Latina (Alfal).
Professor da Faculdade de Filosofia e Letras da Unam.

Cercanía 6
© Edições SM Ltda.
Todos os direitos reservados

Direção de conteúdos didáticos	Márcia Takeuchi
Design	Alysson Ribeiro
Gerência de processos editoriais	Rosimeire Tada da Cunha
Gerência editorial	Angelo Stefanovits
Coordenação de área	Sandra Fernandez
Edição	Ana Paula Landi, Sandra Fernandez
Consultoria	Daniel Mazzaro, Patricia Varela González, Raquel La Corte dos Santos
Assistência administrativa editorial	Alyne de Oliveira Serralvo, Fernanda de Araujo Fortunato, Karina Miquelini, Rosi Benke, Tatiana Gregório
Preparação e revisão	Cláudia Rodrigues do Espírito Santo (Coordenadora), Alzira Aparecida Bertholim Meana (Assistente), Ana Catarina Nogueira, Arnaldo Rocha de Arruda, Eliana Vila Nova de Souza, Fátima Cezare Pasculli, Izilda de Oliveira Pereira, Liliane Fernanda Pedroso, Miraci Tamara Castro, Rosinei Aparecida Rodrigues Araujo, Valéria Cristina Borsanelli
Coordenação de arte	Eduardo Rodrigues
Edição de arte	Eduardo Sokei, Keila Grandis, Ruddi Carneiro
Projeto gráfico	Erika Tiemi Yamauchi, Mônica Oldrine
Capa	Alysson Ribeiro, Erika Tiemi Yamauchi e Adilson Casarotti sobre ilustração de NiD-Pi
Ilustrações	Graphorama, Mariana Coan, Rodrigo Folgueira, Sabrina Eras
Iconografia	Jaime Yamane, Karina Tengan, Tatiana Lubarino Ferreira
Tratamento de imagem	Robson Mereu, Claudia Fidelis, Ideraldo Araújo
Editoração eletrônica	Cítara, 3L Creative Stúdio (aberturas unidades 3, 5, 6, 7 e 8), Mariana Coan (abertura unidade 1), Ligia Duque (aberturas unidades 2 e 4), Aerostudio (Guia Didático)
Fabricação	Toninho Freire
Impressão	Forma Certa Gráfica Digital

Dados Internacionais de Catalogação na Publicação (CIP)
(Câmara Brasileira do Livro, SP, Brasil)

Coimbra, Ludmila
  Cercanía : espanhol, 6º ano / Ludmila Coimbra,
Luiza Santana Chaves, José Moreno de Alba. —
2. ed. — São Paulo : Edições SM, 2012. — (Cercanía ; 1)

  Vários ilustradores.
  ISBN 978-85-418-0052-5 (aluno)
  ISBN 978-85-418-0053-2 (professor)

  1. Espanhol (Ensino fundamental) I. Chaves, Luiza
Santana. II. Alba, José Moreno de. III. Título. IV. Série.

12-06427   CDD-372.6

Índices para catálogo sistemático:
1. Espanhol : Ensino fundamental 372.6

2ª edição, 2012
9 impressão, dezembro 2024

 Edições SM Ltda.
Rua Tenente Lycurgo Lopes da Cruz, 55
Água Branca 05036-120 São Paulo SP Brasil
Tel. 11 2111-7400
edicoessm@grupo-sm.com
www.edicoessm.com.br

■ Presentación

Caro(a) alumno(a),

Cada uno de los cuatro volúmenes de esta colección te brinda la oportunidad de conocer el mundo hispánico desde varias miradas, reflexionando sobre temáticas actuales y necesarias a tu formación en cuanto ciudadano crítico y consciente.

¿Sabías que el español es una de las lenguas más habladas en el mundo y es lengua oficial de la mayoría de los países vecinos a Brasil? Esa cercanía es una de las razones que te llevan a aprender y aprehender la lengua española: culturas, costumbres, hábitos, creencias, lenguajes...

Específicamente en este volumen, comprender el español y expresarse en esa lengua es:

✓ divertirte con las historietas de Gaturro;
✓ aventurarte en odas de Pablo Neruda;
✓ informarte en periódicos españoles como *elgancho.es* y *elmundo.es*;
✓ contemplar pinturas de Fernando Botero y otros colores;
✓ inscribirte en cursos de verano en México;
✓ escuchar canciones del cantante panameño Rubén Blades;
✓ conocer películas argentinas y dibujo de animación;
✓ hacer recetas de alfajores con dulce de leche, chocolate y otros ingredientes;
✓ reírte con *El Chavo del Ocho* y otros programas de humor;
✓ montar un itinerario de viajes por las Islas Galápagos, Barcelona, Punta del Este;
✓ emocionarte con la narración de un gol de Diego Maradona;
✓ conocer formas distintas de gobierno como la de la Real Familia Española;
✓ saber qué mujeres en América Latina ya asumieron la presidencia de su país.

En fin, es tener acceso a un mundo más amplio e interconectado. Este viaje está hecho para quienes tienen sed de conocimiento y placer. ¡Bienvenido(a) al mundo hispanohablante!

Las autoras

Sumario

1 Identidad: ¡a comparar a los otros conmigo! 8

¡Para empezar! — Mapa del mundo hispánico 9
Lectura — *Género*: Cédula de identidad 10
- Almacén de ideas — Preparación para la lectura: DNI 10
- Red (con)textual — Comparar cédulas de identidad 11
- Tejiendo la comprensión — Actividades después de la lectura 11
- Vocabulario en contexto — Nombres, apellidos y apodos 12

Escritura — *Género*: Ficha de inscripción 13
- Conociendo el género — Ficha de inscripción 13
- Vocabulario en contexto — Meses y estaciones del año 14
- Planeando las ideas — Talleres de cursos de verano en México 15
- Taller de escritura — Formulario 16
- (Re)escritura — ¿Cómo revisar mi texto? 17
- Vocabulario en contexto — Orden de los apellidos maternos y paternos 17
- Gramática en uso — Tratamiento formal e informal 18

Habla — *Género*: Presentación de uno mismo 19
- Lluvia de ideas — Preparación para el habla 19
- Rueda viva: comunicándose — Conociendo al compañero de curso 20
- ¡A concluir! — Reflexión de cierre 20

Escucha — *Género*: Letra de canción 21
- ¿Qué voy a escuchar? — *Muévete*, de Rubén Blades 21
- Escuchando la diversidad de voces — Palabras equivocadas en la canción 22
- Comprendiendo la voz del otro — Actividades pos escucha 23
- Oído perspicaz: el español suena de maneras diferentes — El alfabeto 24

Culturas en diálogo: nuestra cercanía — El Chavo del 8 25

¿Lo sé todo? (Autoevaluación) 27
Glosario visual 27

2 Cine en casa: ¡a convivir con la familia y la pandilla! 28

¡Para empezar! — Campaña con modelos de familia 29
Lectura — *Género*: Sinopsis de película 30
- Almacén de ideas — Preparación para la lectura: sinopsis 30
- Red (con)textual — Eligiendo ver o no ver una película 31
- Tejiendo la comprensión — Actividades después de la lectura 31
- Vocabulario en contexto — Grados de parentesco 33
- Gramática en uso — Los posesivos / Los numerales cardinales (0 a 20) 34

Escritura — *Género*: Sinopsis de película 35
- Conociendo el género — Sinopsis 35
- Gramática en uso — Verbos en presente de indicativo 38
- Planeando las ideas — La película de mi vida 39
- Taller de escritura — Sinopsis: tapa y contratapa 40
- (Re)escritura — ¿Cómo revisar mi texto? 40

Habla — *Género*: Presentación 41
- Lluvia de ideas — Preparación para el habla 41
- Gramática en uso — Formas de presentación y agradecimiento / Saludos y despedidas 41
- Rueda viva: comunicándose — Presentando a un pariente 42
- ¡A concluir! — Reflexión de cierre 42

Escucha — *Género*: Tráiler de película 43
- ¿Qué voy a escuchar? — *Valentín*, de Alejandro Agresti 43
- Escuchando la diversidad de voces — Informaciones de la vida de Valentín 43
- Comprendiendo la voz del otro — Actividades pos escucha 44
- Oído perspicaz: el español suena de maneras diferentes — Las vocales 44

Culturas en diálogo: nuestra cercanía — La familia real española 45

¿Lo sé todo? (Autoevaluación) 47
Glosario visual 47
Repaso: ¡juguemos con el vocabulario y la gramática! 48

4 cuatro

3 Noticias de nuestro entorno: ¡a cuidar el medio ambiente!   50

¡Para empezar! — Fotos sobre el medio ambiente / Campaña de la ONU   51

Lectura – *Género*: Noticia   52

- **Almacén de ideas** — Preparación para la lectura: noticias   52
- **Red (con)textual** — Eligiendo el título adecuado   53
- **Tejiendo la comprensión** — Actividades después de la lectura   54
- **Gramática en uso** — Numerales cardinales (21 a 29) / Verbos en presente de indicativo   56

Escritura – *Género*: Noticia   59

- **Conociendo el género** — Noticia   59
- **Planeando las ideas** — Noticia de animales en extinción   60
- **Taller de escritura** — Título de noticia   60
- **(Re)escritura** — ¿Cómo revisar mi texto?   60
- **Gramática en uso** — Verbos en presente de indicativo   61
- **Vocabulario en contexto** — Los animales   62

Escucha – *Género*: Cortometraje de animación   63

- **¿Qué voy a escuchar?** — *La tierra está enferma*, de Fernández Fañanás   63
- **Escuchando la diversidad de voces** — Sonido de palabras específicas   63
- **Comprendiendo la voz del otro** — actividades pos escucha   64
- **Oído perspicaz: el español suena de maneras diferentes** — La z/La s/La c + e, i   65

Habla – *Género*: Dramatización   66

- **Lluvia de ideas** — Preparación para el habla   66
- **Rueda viva: comunicándose** — Representación de una escena   66
- **¡A concluir!** — Reflexión de cierre   66

Culturas en diálogo: nuestra cercanía — La historieta de Nik (Gaturro y Gaturrín)   67

¿Lo sé todo? (Autoevaluación)   68

Glosario visual   69

4 Autoestima en test: ¡a gustarse y a cuidarse!   70

¡Para empezar! — Definiciones de enfermedades en diccionarios / Títulos de noticias sobre anorexia   71

Lectura – *Género*: Test   72

- **Almacén de ideas** — Preparación para la lectura: test   72
- **Red (con)textual** — Testando la autoestima   72
- **Tejiendo la comprensión** — Actividades después de la lectura   74
- **Gramática en uso** — Verbos para expresión de gustos y disgustos / Los pronombres complemento / Las partes del cuerpo   74

Escritura – *Género*: Test   78

- **Conociendo el género** — Test   78
- **Planeando las ideas** — Los interrogativos y los adverbios de frecuencia en las respuestas y preguntas del test   78
- **Taller de escritura** — Creando un test   79
- **(Re)escritura** — ¿Cómo revisar mi texto?   80

Escucha – *Género*: Radioclip   81

- **¿Qué voy a escuchar?** — *¿Sirena o ballena?*, de radialistas.net   81
- **Escuchando la diversidad de voces** — Intenciones en el habla   82
- **Comprendiendo la voz del otro** — Actividades pos escucha   83
- **Vocabulario en contexto** — Los adjetivos   84
- **Oído perspicaz: el español suena de maneras diferentes** — El acento y la tilde en interrogativos y exclamativos   84

Habla – *Género*: Encuesta   86

- **Lluvia de ideas** — Preparación para el habla   86
- **Rueda viva: comunicándose** — Gustos y preferencias   86
- **¡A concluir!** — Reflexión de cierre   86

Culturas en diálogo: nuestra cercanía — Las Mona Lisas   87

¿Lo sé todo? (Autoevaluación)   89

Glosario visual   89

Repaso: ¡juguemos con el vocabulario y la gramática!   90

5 Recetas para disfrutar: ¡a distribuir la comida!   92

¡Para empezar! — Campañas de FAO   93

Lectura – *Género*: Receta de cocina   94

- **Almacén de ideas** — Preparación para la lectura: receta   94
- **Red (con)textual** — Ordenando una receta   95
- **Tejiendo la comprensión** — Actividades después de la lectura   96
- **Vocabulario en contexto** — Las medidas, los ingredientes y los platos   97
- **Gramática en uso** — Verbos en imperativo   100

Escritura – *Género*: Lista de compras   101

cinco   **5**

Sumario

- **Conociendo el género** – Lista de compras 101
- **Planeando las ideas** – Recetas de churros y empanadas 101
- **Taller de escritura** – Comprando ingredientes para una receta 102
- **(Re)escritura** – ¿Cómo revisar mi texto? 102

Escucha – *Género*: Receta de cocina televisiva 103

- **¿Qué voy a escuchar?** – Receta televisiva de alfajor, de *recepedia.com* 103
- **Escuchando la diversidad de voces** – Receta de alfajor 103
- **Comprendiendo la voz del otro** – Actividades pos escucha 105
- **Gramática en uso** – Verbos en infinitivo y en presente de indicativo 105
- **Oído perspicaz: el español suena de maneras diferentes** – El dígrafo ll y la y 106

Habla – *Género*: Entrevista 107

- **Lluvia de ideas** – Preparación para el habla 107
- **Rueda viva: comunicándose** – Problemas y soluciones 108
- **¡A concluir!** – Reflexión de cierre 108

Culturas en diálogo: nuestra cercanía – Oda de Pablo Neruda 109

¿Lo sé todo? (Autoevaluación) 111

Glosario visual 111

---

6 — Reglas para un juego limpio: ¡a tener deportividad! — 112

¡Para empezar! – Títulos de noticias sobre fútbol / Campaña del Gobierno de Navarra 113

Lectura – *Género*: Reglas 114

- **Almacén de ideas** – Preparación para la lectura: reglas de juego 114
- **Red (con)textual** – Entendiendo las reglas sobre faltas e incorrecciones 115
- **Tejiendo la comprensión** – Actividades después de la lectura 116

Ilustraciones: Sabrina Eras/ID/BR

- **Gramática en uso** – Las preposiciones / Las conjunciones y (e) y o (u) 117
- **Vocabulario en contexto** – Palabras usadas en el fútbol 119

Escritura – *Género*: Reglas 120

- **Conociendo el género** – Reglas de juego – bingo y dominó 120
- **Planeando las ideas** – Juego de la memoria deportivo 121
- **Taller de escritura** – Reglas del juego de la memoria 122
- **(Re)escritura** – ¿Cómo revisar mi texto? 122

Habla – *Género*: Juego 123

- **Lluvia de ideas** – Preparación para el habla 123
- **Rueda viva: comunicándose** – Pronunciando las palabras del juego de la memoria 123
- **¡A concluir!** – Reflexión de cierre 124

Escucha – *Género*: Narración futbolística 125

- **¿Qué voy a escuchar?** – Gol de Maradona, voz de Víctor Hugo Morales 125
- **Escuchando la diversidad de voces** – Relacionando palabras con imágenes 125
- **Comprendiendo la voz del otro** – Actividades pos escucha 126
- **Gramática en uso** – Verbos en imperativo 127
- **Oído perspicaz: el español suena de maneras diferentes** – La r y la rr 128

Culturas en diálogo: nuestra cercanía – Pinturas sobre el fútbol 129

¿Lo sé todo? (Autoevaluación) 131

Glosario visual 131

Repaso: ¡juguemos con el vocabulario y la gramática! 132

---

7 — Derecho y justicia: ¡a protestar en contra de los prejuicios! — 134

¡Para empezar! – Campaña de OIT 135

Lectura – *Género*: Texto de Ley 136

- **Almacén de ideas** – Preparación para la lectura: Derechos Humanos, de ONU 136
- **Red (con)textual** – Identificando los derechos que no son cumplidos alrededor del mundo 137
- **Tejiendo la comprensión** – Actividades después de la lectura 138
- **Gramática en uso** – Artículos definidos e indefinidos / Cuantificadores 140

Escritura – *Género*: Manual del Estudiante 143

- **Conociendo el género** – Manual del Estudiante 144

- **Gramática en uso** — Verbos en infinitivo 144
- **Planeando las ideas** — Normas de la clase de lengua española 144
- **Taller de escritura** — Derechos y deberes en el aula de español 144
- **(Re)escritura** — ¿Cómo revisar mi texto? 144

Escucha — *Género*: Encuesta 145
- **¿Qué voy a escuchar?** — *Yo quiero ser bombera*, de radialistas.net 145
- **Escuchando la diversidad de voces** — Comprendiendo expresiones en el audio 145
- **Comprendiendo la voz del otro** — Actividades pos escucha 146
- **Oído perspicaz: el español suena de maneras diferentes** — Las *eses* aspiradas 147

Habla — *Género*: Encuesta 148
- **Lluvia de ideas** — Preparación para el habla (asignaturas y profesiones) 148
- **Rueda viva: comunicándose** — Profesiones que prefieren las alumnas y los alumnos de la clase 148
- **¡A concluir!** — Reflexión de cierre 148

Culturas en diálogo: nuestra cercanía — Presidentas de Latinoamérica / Banderas de países latinoamericanos 149

¿Lo sé todo? (Autoevaluación) 150

Glosario visual 151

8 Itinerarios de viaje: ¡a planificar las vacaciones! 152

¡Para empezar! — Sellos y adornos típicos 153

Lectura — *Género*: Itinerario de viaje 154
- **Almacén de ideas** — Preparación para la lectura: folleto de turismo 154
- **Red (con)textual** — Tipos diferentes de turismo 154
- **Tejiendo la comprensión** — Actividades después de la lectura 155
- **Vocabulario en contexto** — Los medios de transporte / Los animales 157

- **Gramática en uso** — Los heterogenéricos / Verbos en futuro simple 158

Escritura — *Género*: Itinerario de viaje 160
- **Conociendo el género** — Itinerario de viaje 160
- **Planeando las ideas** — ¿Qué hay en mi ciudad de interesante? 162
- **Gramática en uso** — Las preposiciones / Verbos **haber** y **estar** 163
- **Taller de escritura** — Itinerario de viaje de la ciudad en que se vive 163
- **(Re)escritura** — ¿Cómo revisar mi texto? 163

Escucha — *Género*: Anuncio publicitario 164
- **¿Qué voy a escuchar?** — Anuncio publicitario, de todoparaviajar.com 164
- **Escuchando la diversidad de voces** — Informaciones de un anuncio 164
- **Comprendiendo la voz del otro** — Actividades pos escucha 165
- **Oído perspicaz: el español suena de maneras diferentes** — La *b* y la *v* 165

Habla — *Género*: Presentación de trabajo 166
- **Lluvia de ideas** — Preparación para el habla 166
- **Rueda viva: comunicándose** — Presentación de itinerarios de viaje 166
- **¡A concluir!** — Reflexión de cierre 167

Culturas en diálogo: nuestra cercanía — Recuerdos típicos de varios lugares brasileños y del mundo hispánico para visitar 168

¿Lo sé todo? (Autoevaluación) 170

Glosario visual 170

Repaso: ¡juguemos con el vocabulario y la gramática! 171

Chuleta lingüística: ¡no te van a pillar! 173

¡Para ampliar!: ver, leer, oír y navegar… 178

Glosario 182

Referencias bibliográficas 183

1 Identidad: ¡a comparar a los otros conmigo!

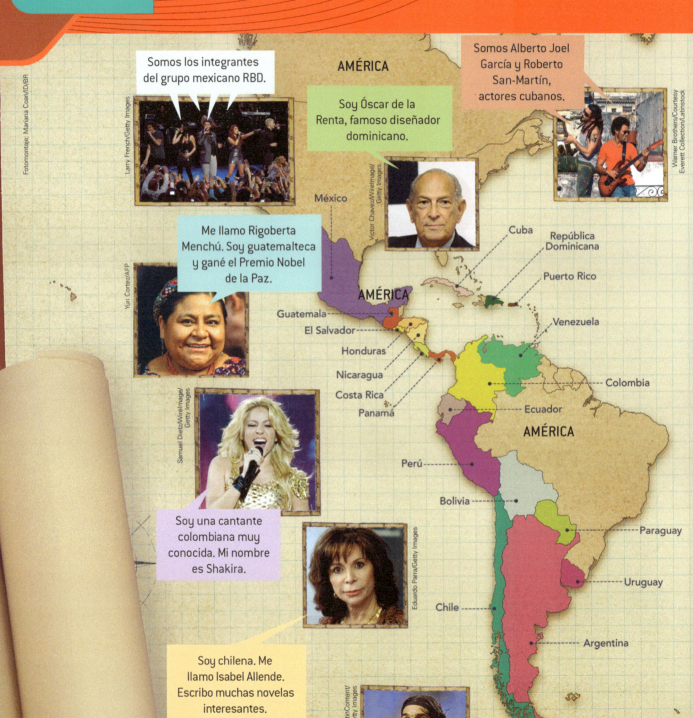

En esta unidad...

... conoceremos personalidades del mundo hispánico, reflexionaremos sobre nuestra identidad, aprenderemos a presentarnos y a pedir datos del otro y tendremos el perfil de todos. Al final podremos contestar a las preguntas ¿Cómo soy yo? ¿Cuáles son mis datos personales?

¡Para empezar!

1. ¿Sabías que hay más de 400 millones de hispanohablantes? Observa en el mapa los países en que el español es el **idioma oficial**.
   a) ¿Qué países son estos? ¿En qué continente se ubican?
   b) De las personalidades del mundo hispánico que aparecen en el mapa, ¿con quiénes te gustaría hablar en español? ¿Por qué?

2. Cada persona tiene sus motivos para aprender una lengua extranjera. Y a ti, ¿qué te motiva a estudiar la lengua española?

3. Las personas de cada país tienen creencias, hábitos y costumbres que marcan su identidad. En este libro, vas a tener una mirada más profunda de los países hispanohablantes: ¿crees que en Argentina solo hay tangos y que en España solo hay flamenco y corridas de toro? ¿Qué conoces sobre los países que hablan español? ¿Estás de acuerdo con estas caracterizaciones?

Transversalidad
Aquí el tema transversal es la pluralidad cultural.

nueve 9

Género textual
- Cédula de identidad

Objetivo de lectura
- Comparar documentos de identidad.

Tema
- Datos personales

■ Lectura

Almacén de ideas

1. ¿Por qué es importante tener una tarjeta o cédula de identidad? Y tú, ¿Ya tienes la tuya? ¿Ya la usaste ¿En qué situaciones?

2. En 2011, el gobierno brasileño empezó a cambiar el modelo del documento de identidad con el objetivo de unificar ese documento en todo el país y evitar falsificaciones. Hasta el 2011, las personas tenían su documento de identidad expedido en su propio estado, pero se podía sacar otro documento de identidad en otros estados. El nuevo documento contiene un *chip* capaz de reunir varias informaciones del ciudadano. Se proyecta que hasta el 2020 todos los brasileños tendrán ya su RIC – *Registro de Identidade Civil*. Observa el nuevo documento de identidad y marca, en la página al lado, los datos que ahí se ponen.

El español alrededor del mundo

A la *carteira de identidade* se le suele llamar en español **carnet**, **cédula**, **documento** o **credencial de identidad**. La *carteira de motorista* equivale, en países hispanohablantes, al **carné** o **permiso de conducir** (España, Chile), a la **licencia de manejar o de manejo** (México, Venezuela), al **registro de manejar** (Argentina), a la **libreta de conducir** o **manejar** (Uruguay).

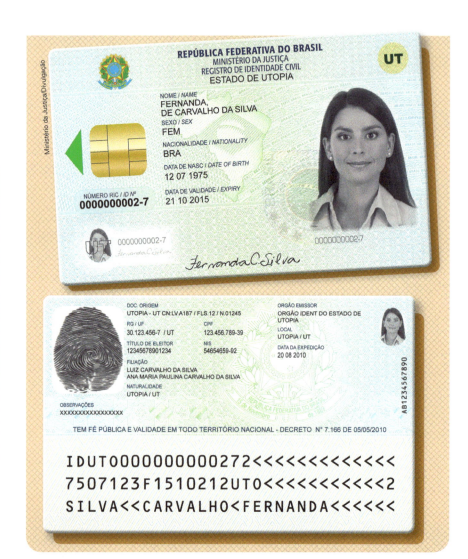

Sacado de: <www.brasil.gov.br/sobre/cidadania/documentacao/conheca-o-novo-registro-de-identidade-civil-ric>. Acceso el 21 de enero de 2011.

( ) nombre y apellidos   ( ) provincia
( ) nacionalidad   ( ) foto
( ) gustos y disgustos   ( ) profesión
( ) fecha de nacimiento   ( ) filiación
( ) signo del zodiaco   ( ) datos de otros documentos
( ) sexo   ( ) estado civil

3. En los países hispánicos, también hay un documento de identidad, cuya sigla es DNI. Intenta imaginarte cuál es el significado de esa sigla. ¿Qué es el DNI?

_____
_____

Red (con)textual

Vas a leer y observar un Documento Nacional de Identidad de un país en que se habla la lengua española. Tu objetivo es comparar ese documento con el de Brasil. Pon atención en las semejanzas y las diferencias.

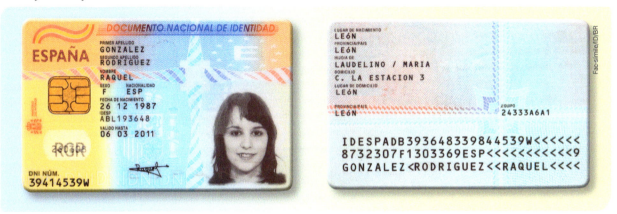

Sacado de: <www.dnielectronico.es/Asi_es_el_dni_electronico/presen_graf.htm>. Acceso el 21 de enero de 2011.

Tejiendo la comprensión

1. ¿De qué país es ese DNI?
_____

2. ¿Cuáles son los datos personales que contiene?
_____
_____
_____

3. ¿Qué datos personales aparecen en el documento brasileño (RIC) y no aparecen en el documento español (DNI)?
_____

4. ¿Qué datos personales aparecen en el documento español (DNI) y no aparecen en el documento brasileño (RIC)?
_____

once 11

Vocabulario en contexto

Lee la tarjeta de identidad argentina abajo.

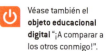

Véase también el **objeto educacional digital** "¡A comparar a los otros conmigo!".

Sacado de: <www.nuevodni.gov.ar/>. Acceso el 21 de enero de 2011.

En esta tarjeta, has visto que la mujer se llama Carmen y sus apellidos son Perez Vázquez. Observa los nombres de algunos hispanohablantes, sus apellidos y sus apodos o sobrenombres más comunes.

Nombres	Apellidos	Apodos/sobrenombres
María Victoria	Villa Real	Mari / Maruja / Maruca / Mariví
Javier	Rojas Díaz	Javi
Francisco	León Echeverría	Paco / Paquito / Pancho
Dolores	García Peña	Lola

1. Traduce las palabras **apellido** y **apodo** o **sobrenombre**.
   _____

2. En Brasil, muchas personas tienen apodos/sobrenombres relacionados con su propio nombre. Observa la tabla abajo e intenta rellenarla con el apodo más común relacionado con los siguientes nombres:

Nombres	Apodos/sobrenombres
Francisco	
Fernanda	
José	

¡Ahora a pensar sobre tus apodos! ¿Cuáles son? ¿Se relacionan con tu nombre?
_____

3. ¿Tus compañeros de clase tienen apodos? Pregúntaselo.
   _____

A quien no lo sepa

¿Sabes qué son los "falsos amigos"? Son palabras de un idioma que se escriben de manera muy parecida a otras en otro idioma, pero que tienen un significado distinto. En el caso de las palabras **apellido** y **sobrenombre**, el significado en portugués es lo contrario que en español.

12   doce

Escritura

Conociendo el género

Como hemos visto, las organizaciones gubernamentales tienen medios propios de identificarnos: la tarjeta de identidad y otros documentos. Muchas veces tenemos que rellenar fichas con nuestros datos y poner los números de esos documentos. Lee una ficha de inscripción de cursos de verano en España, en la provincia de Asturias.

Género textual
- Ficha de inscripción

Objetivo de escritura
- Llenar el formulario para inscribirse en un curso de Bellas Artes y Oficios, en México.

Tema
- Cursos de verano

Tipo de producción
- Individual

Lectores
- Coordinadores del curso de Bellas Artes y Oficios, en México

Disponible en: <http://www.bibliotecaspublicas.es/colunga/imagenes/contenido44399.pdf>. Acceso el 14 de diciembre de 2011.

LUDOTECA de VERANO
para niñ@s de 5 a 13 años

Juegos
Gymkhanas
Talleres
Deportes
Concursos...

CALENDARIO:
1er Grupo: Del 6 al 17 de julio
2º Grupo: del 20 al 31 de julio
3er Grupo: Del 3 al 14 de agosto
4º Grupo: del 17 al 28 de agosto

De LUNES a VIERNES
De 11:30 h. a 13:30 h.

LUGARES EN LOS QUE SE DESARROLLARÁ EL PROGRAMA:
Sala Loreto, Casa de Cultura, Polideportivo, Playa de La Griega...

PRECIO:
30 € / Grupo
SE ABONARÁ EN EL MOMENTO DE HACER LA INSCRIPCIÓN

IMPRESCINDIBLE CONTAR CON UN MÍNIMO DE 15 Y UN MÁXIMO DE 25 PARTICIPANTES POR GRUPO.

Información e inscripciones en la Casa de Cultura / Biblioteca **A partir del 19 de junio,** de lunes a viernes, de 11:00 a 13:00 y de 18.00 a 20:00 h.

ORGANIZA:
AYUNTAMIENTO DE COLUNGA
Área de Cultura

Realiza:

Colabora:
cajAstur

FICHA DE INSCRIPCIÓN
ENTREGAR EN LA CASA DE CULTURA A PARTIR DEL 19 DE JUNIO CON FOTOCOPIA DE TARJETA SANITARIA

DATOS DEL NIÑ@:
Nombre:.................................
Apellidos:..............................
Edad:.....................................

DATOS DE LA MADRE, PADRE O TUTOR/-A:
Nombre:.................................
Apellidos:..............................
Dirección:..............................
Teléfono/-s:...........................
E. mail:.................................

GRUPO QUE ELIGE (Señalar con una X)
☐ Del 6 al 17 de julio
☐ Del 20 al 31 de julio
☐ Del 3 al 14 de agosto
☐ Del 17 al 28 de agosto

NOTA: Se podrá escoger más de una opción, pero teniendo en cuenta que la cuota es de 30 € por participante y grupo y que las actividades a desarrollar serán las mismas en todos los grupos.

AUTORIZACIÓN
Autorizo a mi hij@ a participar en la Ludoteca de Verano organizada por el Ayuntamiento de Colunga y realizada por monitores de Actívate, S. L. L.

Firma:

Sacado de: <www.bibliotecaspublicas.es/colunga/imagenes/contenido44399.pdf>. Acceso el 11 de febrero de 2011.

1. Marca la respuesta que contesta a la pregunta: ¿Para qué sirve una ficha de inscripción?

    ( ) Rellenar los datos personales que piden los organizadores del evento para inscribir al interesado.

    ( ) Permitir la identificación personal de los ciudadanos para evitar posibles fraudes de suplantación de identidad.

2. Normalmente, cuando alguien es menor de edad, en la ficha de inscripción hay espacios para rellenar los datos personales de los responsables. En la ficha que has leído, ¿quiénes son considerados los responsables?

    _____

    _____

3. A la hora de escribir los datos personales, hay que fijar la atención para que no se cometan errores. Algunas veces, por motivos diversos, hay cambios en la programación del curso y es necesario informárselos a la persona. En ese contexto, ¿qué datos personales son importantes para la organización del evento? Para contestar, relee la ficha de inscripción.

    _____

    _____

trece 13

Vocabulario en contexto

1. Para inscribirte en los cursos es necesario saber la fecha exacta para asegurarte de si puedes hacerlos o no. Marca la opción que corresponda a la estación del año en que ocurren esos cursos:

( ) primavera (Praça Bosque dos Buritis, Goiânia-GO)

( ) verano (Praia da Boa Viagem, Recife-PE)

( ) otoño (Bairro da Tijuca, Rio de Janeiro-RJ)

( ) invierno (Parque Barigui, Curitiba-PR)

2. ¿Cuáles son los meses en que habrá actividades en la Ludoteca?
_____

3. ¿Sabías que cuando es verano en España es invierno aquí en Brasil? Eso ocurre porque Brasil se ubica en el hemisferio sur y España en el hemisferio norte. Por lo tanto, cuando en el hemisferio norte es primavera, en el hemisferio sur es otoño. Escribe abajo los meses que corresponden a las estaciones del año pensando en el calendario español.

enero – febrero – marzo – abril – mayo – junio – julio – agosto – septiembre – octubre – noviembre – diciembre

verano _____
primavera _____
invierno _____
otoño _____

Planeando las ideas

¡Qué bien! Imagínate que en las vacaciones de julio vas a hacer un curso de verano en México. En la página siguiente hay cuatro cursos de la Escuela de Artes y Oficios de la Universidad Autónoma de Ciudad Juárez en México. Antes de inscribirte, mira la publicidad de la escuela y lee las informaciones disponibles.

FUTBOLITO Y BASQUETBOL INFANTIL

Inculcar en los niños los valores del deportivismo y el juego limpio desde la preparación física, psicológica y teórica.

Horario: Sábado de 9:00 a 11:00 horas.
Impartido en IADA, Canchas de Basquetbol.

Nota: Taller mixto, edades de 6 a 14 años.
Instructor: L.E.F. Ricardo Juárez Grajeda.

Sacado de: <www2.uacj.mx/iada/cobao/ArtesyOficios/Infantil.htm>. Acceso el 25 de febrero de 2011.

TEATRO

Desarrollar el arte escénico a través de la imaginación y la creación.

Horario:
Sábado de 9:00 a 11:00 horas (PRINCIPIANTES).
Sábado de 11:00 a 13:00 horas (PRINCIPIANTES).
Sábado de 13:00 a 15:00 horas (AVANZADO).
Salón pendiente de asignar.
Edades: De 10 años en adelante. Ambos sexos.
Instructor: Carlos Arturo Cabello Padilla.

Sacado de: <www2.uacj.mx/iada/cobao/ArtesyOficios/Artistico.htm>. Acceso el 25 de febrero de 2011.

DIBUJO AL NATURAL

Dibujo a lápiz de cualquier figura o paisaje incluyendo figura humana.

Horario: Sábado de 9:00 a 11:00 horas (NIVEL 1)
Impartidos en IADA, Edificio "A", Salón 204.

Nota: Taller mixto dirigido a niños de 9 años en adelante.
Instructor: Arq. Jaime Solórzano Suástegui.

Sacado de: <www2.uacj.mx/iada/cobao/ArtesyOficios/Infantil.htm>. Acceso el 25 de febrero de 2011.

RECICLADO PARA JUGAR

El participante aprenderá que el reciclaje es muy importante para nuestro medio ambiente y elaborará juguetes y cosas divertidas mediante el reciclado de todo tipo de materiales.

Horario: Sábado de 15:00 a 17:00 horas. Impartidos en IADA, Edificio "B", Salón 205.

Nota: Taller mixto, edades de 6 años en adelante.

Instructora: Covadonga Pérez Buergo.

Sacado de: <www2.uacj.mx/iada/cobao/ArtesyOficios/Infantil.htm>. Acceso el 25 de febrero de 2011.

1. ¿En qué curso o taller quieres inscribirte?

_____

El español alrededor del mundo

En España se llama **baloncesto** el deporte que en la mayor parte de los países americanos se denomina **basquetbol**, *basketbol*, *basketball* (o *básket*, abreviado). Como denominación secundaria se emplea **baloncesto** en algunas partes, como Chile y Venezuela.

A la **cancha** de fútbol y de otros deportes se le puede llamar también **estadio** o **campo**.

Al juego que en México y otros países se llama **futbolito**, se le denomina **futbolín** en España, **metegol** en Argentina y **tacataca** en Chile. En Brasil, se le denomina *pebolim* o *totó*.

Baloncesto o basquetbol.

Futbolito, futbolín, metegol o tacataca.

quince 15

2. ¿En qué día de la semana serán los cursos o talleres? Marca la opción correcta:

3. ¿Qué edad tienes? ¿En qué cursos puedes inscribirte?
_____

Taller de escritura

Ahora que ya conoces más sobre el género ficha, ¡a inscribirte! Rellena correctamente con tus datos la ficha que sigue.

Vocabulario de apoyo
Colonia: en México, significa lo mismo que barrio.
Taller: actividad que combina teoría y práctica. Se hace en grupos.
Beca: ayuda de dinero para realizar estudios o investigaciones.

COORDINACIÓN DE BELLAS ARTES Y OFICIOS
CO.B.A.O.

UACJ — Ficha de Preinscripción — IADA

Matrícula: _____ B. Artes: _____ A. Artes: _____
Apellido paterno: _____
Apellido materno: _____
Nombre(s): _____
Edad: _____ Fecha de nacimiento: _____
Domicilio: _____
Colonia: _____ Ciudad y Estado: _____
Sexo: _____ Nacionalidad: _____
Profesión: _____ Teléfono: _____
E-mail: _____
Taller al que se inscribe: _____
Horario: _____ Maestro: _____
Beca: ☐ 100%   ☐ 50%   ☐ 25%
Tipo de beca:
☐ Becas especiales   ☐ Otras
☐ Trabajadores de la UACJ   ☐ Personas de la 3ra edad
☐ Estudiantes de la UACJ   ☐ Descuento por 4to taller
☐ Dependientes de trabajadores de UACJ   (1 descuento por cada 4 talleres)

_____
Firma de autorización del coordinador
Observaciones: _____
_____

Sacado de: <www2.uacj.mx/iada/cobao/Imagenes/ficha-actual.jpg>. Acceso el 11 de febrero de 2011.

(Re)escritura

- Vuelve a la ficha que has rellenado y checa si las informaciones presentadas están correctas. Para eso, siéntate con un compañero y comparen lo que han escrito.
- Nota que hay partes de la ficha que no hace falta rellenar, pues están a cargo de los coordinadores del curso. Vuelve a la ficha, y borra esas partes si las has rellenado.

Vocabulario en contexto

En la ficha de Bellas Artes y Oficios hay un dato muy importante: los apellidos maternos y paternos. Observa los nombres de estas famosas personalidades del mundo hispánico y fíjate en el orden de los apellidos:

Cantante de Puerto Rico:
Enrique Martín Morales
(nombre artístico: Ricky Martin)
Nombre del padre: Enrique Martín Negroni
Nombre de la madre: Nereida Morales

Actriz española: Penélope Cruz Sánchez
(nombre artístico: Penélope Cruz)
Nombre del padre – Eduardo Cruz
Nombre de la madre – Encarna Sánchez

a) ¿Qué apellido viene primero? ¿El del padre o el de la madre?
___

b) ¿Cómo es en Brasil? ¿Qué apellido viene primero?
___

A quien no lo sepa

Normalmente, los hijos reciben el apellido del padre y de la madre. Pero hay casos en que los niños reciben o solamente el apellido materno o solamente el apellido paterno.

Gramática en uso

1. Algunas veces, no somos nosotros quienes rellenamos las fichas de inscripción. Hay una persona específica que nos pregunta sobre nuestros datos personales y ella misma llena los espacios en blanco. Imagínate en México, frente a la coordinadora de los cursos de Bellas Artes y Oficios.

   a) En ese contexto, ¿qué tipo de tratamiento sería más adecuado hacia ella? Marca la respuesta correcta:

   ( ) Tratamiento formal.   ( ) Tratamiento informal.

   b) ¿Por qué usarías ese tipo de tratamiento?

   _____

   c) Y, por otro lado, ¿cómo la coordinadora te trataría a ti, un adolescente? ¿Formal o informalmente? Explica.

   _____

2. En español, hay dos tipos de tratamiento. Marca **F** para **formal** e **I** para **informal** en las situaciones abajo:

   ( ) Tres amigos charlando sobre el fin de semana en el club.
   ( ) Un conductor de taxi mostrándole su tarjeta de conducción a la policía.
   ( ) Dos hermanos comentando un partido de fútbol.
   ( ) Un empleado presentándole un informe a su jefe.

3. Observa los pronombres personales que usamos para cada tipo de tratamiento:

	Tratamiento formal	Tratamiento informal
Singular	usted	tú / vos

   a) ¿Cómo tratarías a la coordinadora del curso de Bella Artes y Oficios? _____

   b) ¿Cómo la coordinadora te trataría a ti? _____

4. Imagínate que, en el primer día del curso en México, todos quieren conocerse. Abajo hay una conversación entre dos jóvenes que se inscribieron en el curso de teatro: Pedro, un chico boliviano, y Graciela, una chica paraguaya. Observa las respuestas de Graciela y elige la pregunta correspondiente:

¿Cuándo cumples años?	¿Con quiénes vives?	¿De dónde eres?
¡Hola! ¿Cómo estás?	¿Qué haces?	¿Tienes correo electrónico?
¿Cuántos años tienes?	¿Cómo te llamas?	¿Qué idiomas hablas?

   Pedro: _____

   Graciela: Muy bien. Gracias.

   Pedro: _____

   Graciela: Graciela Gómez.

   Pedro: _____

   Graciela: De Asunción, Paraguay.

   Pedro: _____

   Graciela: Vivo con mi madre y mi abuela.

   Pedro: _____

   Graciela: Soy estudiante.

   Pedro: _____

   Graciela: Diez.

   Pedro: _____

   Graciela: El 13 de junio.

   Pedro: _____

   Graciela: Tres: español, portugués y guaraní.

   Pedro: _____

   Graciela: Sí, es el gracielagomez@correo.py

Habla

Lluvia de ideas

Todos los alumnos de la clase se han inscrito en algún curso en México, ¿correcto? ¿Quiénes están en tu grupo? Antes de conocerse y empezar a hablar en español, vas a leer las respuestas que cuatro jóvenes dieron a una empresa especializada en zapatos deportivos.

Género textual
- Presentación

Objetivo de habla
- Conocer al compañero de curso.

Tema
- El arte de cada uno.

Tipo de producción
- En parejas

Oyentes
- Compañeros del curso

¿Cuál es tu arte?

Louis (Francia)
Este francés construye circuitos electrónicos para encontrar la filosofía que hay detrás de cada juguete. Desmonta guitarras eléctricas, altavoces, amplificadores, ordenadores y juguetes viejos para crear sus propios instrumentos musicales y sonidos. ¡Vaya marcha!

Olivia (USA)
Olivia captura la vida a través de la lente de su cámara. Esta estadounidense sabe cómo combinar la honestidad de su juventud con una profunda sabiduría que va mucho más allá de sus 15 años. ¡Toda una promesa a seguir!

Balthazar (España)
Balthazar se expresa a través de sus dibujos, fotos y pelis documentales. En ellas, la sucesión de imágenes está sincronizada con las notas musicales. Para él, la mezcla de realidad y ficción es su forma de ver la vida.

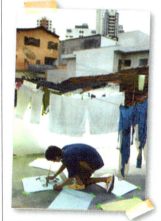

Bruno (Brasil)
El carioca vive su arte como nadie. Y es que su trabajo es brillante. Él logra trasladar las formas y colores de su mundo a formas familiares del nuestro. Su afición por las páginas en blanco y los "rotus" solo es comparable a su dominio del *skate*. ¡Qué buen rollo!

Revista *Ragazza*, abril de 2010, n. 244, p. 29.

1. Tras leer el texto, escribe el nombre de la nacionalidad de los encuestados. Abajo se han puesto algunas nacionalidades distintas para ayudarte en la escritura.

> español/española   japonés/japonesa   brasileño/brasileña   chino/china
> guatemalteco/guatemalteca   francés/francesa   venezolano/venezolana
> italiano/italiana   estadounidense/norteamericano/norteamericana

a) Louis es _____.   c) Balthazar es _____.
b) Bruno es _____.   d) Olivia es _____.

2. Relaciona las dos columnas. De un lado, el encuestado; del otro, su arte, actividad o afición.

a) Louis ( ) *skate*
b) Bruno ( ) música
c) Balthazar ( ) fotografía
d) Olivia ( ) cine

3. ¡A pensar en ti! ¿Cuál es tu arte o afición? Colorea lo que te apetece más.

teatro	fútbol
fotografía	gastronomía
baile	*skate*
artes plásticas	música
artes marciales	cine
dibujo	otra: _____

¡Ojo!

Piensa en el contexto de comunicación. ¿Con quién vas a hablar? ¿El tratamiento es formal o informal? Eso es importante, pues tienes que conjugar los verbos. ¿Vas a usar **usted** o **tú/vos**?

Rueda viva: *comunicándose*

Busca un compañero que se haya inscrito en el mismo curso que tú. ¿Quién va a hacer **teatro**? ¿Quién va a hacer **dibujo al natural**? ¿Quién va a **reciclar**? ¿Quién va a jugar al **futbolito** y **basquetbol**?

En parejas, vas a hablar en español. Tienes que presentarte, decir tu nombre, apellidos, edad, los idiomas que estudias, tu nacionalidad, dónde vives... Además, hay que decir cuál es tu arte o afición.

¡A concluir!

Es interesante conocer a los compañeros, ¿verdad? Abajo, anota las semejanzas y diferencias entre ustedes.

Datos	Mi compañero(a)	Yo
Edad		
Nacionalidad		
Idioma		
Arte o afición		
Barrio / colonia		
Fecha de nacimiento		

Escucha

¿Qué voy a escuchar?

Vas a escuchar una canción de Rubén Blades, un cantautor panameño de mucho éxito en el mundo hispánico y en Estados Unidos. El título de la canción es "Muévete", pista 7 del compacto *Escenas*, de 1985, en que él canta con el grupo Seis del Solar.

Género textual
- Letra de canción

Objetivo de escucha
- Identificar palabras equivocadas en la canción.

Tema
- Igualdad y libertad

1. Antes de escucharla, ¡a reflexionar sobre su nombre! ¿Qué significa la palabra **muévete**?
   _____
   _____

2. Ahora, formula tus hipótesis: ¿quiénes serán los que deben moverse?
   _____
   _____
   _____

A quien no lo sepa

Cantautor es la junción de **cantante** y **autor**, o sea, es el artista que canta y compone su música.

Tapa de CD *Escenas*, de Rubén Blades y Seis del Solar.

3. En la canción, se escucha el nombre de algunos países de un continente específico. ¿Cuál sería esa región geopolítica? Pista: gran parte de sus habitantes hablan español o portugués. Encuéntrala en la siguiente sopa de letras:

```
L F D L K P N T F R R T Y
W A E Z A F V O E G Y S D
A R T N M J O Q Y W W S C
I B A I R R J H Z Q S X E
I M J Y N C D J Q A D S Z
A D I W O O V J J T C A H
C N N R M X A E U I A P U
A Y U E U K T M F Q I F K
M E G B L M H T E F B L M
M E G B L M H T E R F G O
M E G B L M H T E F I L N
E G B L M H T E F V B C S
F R W U O P D G H J K N A
```

4. En la letra de la canción que escucharás se hace una crítica a las personas que actúan solas en el mundo y que solo piensan en su comodidad. Hay unos versos que tratan de la importancia de unirse para acabar con un problema. Léelos e intenta completar el hueco:

   "Brindarnos la mano
   Pa' acabar con la _____
   depende el futuro de la gente"

Escuchando la diversidad de voces

1. 🎧 1 Escucha atentamente la canción "Muévete", pues hay doce palabras intrusas, o sea, escucharás una cosa, pero leerás otra. Encierra en un círculo las palabras que no coinciden con lo que oyes.

Muévete

Desde el Egito
a Soweto en Asia
va nuestra canción como un saludo,
pa' los que defienden
su derecho a libertad
y usan la verdad como su escudo.
No hay bala que mate a la verdad
cuando la defiende la razón.
Reunámonos todos
pa' acabar con la maldad.
Muévete y pon todo el corazón, aquí y allá.

Todo el mundo busca su comodidad
y esto ha sido así toda la vida.
Y el que va delante
casi nunca mira atrás
para ayudar al que lo pida.
Pero hoy día llega la necesidad
de seguir un rumbo diferente.
Brindarnos la mano
Pa' acabar con la maldad,
depende el futuro de la gente.

Ay, ay, aquí, aquí y allá,
A darnos la mano
pa' acabar con la maldad.
Que avance mi gente,
Mueve Canadá,
Muévete, muévete.
Mueve Cabo Verde
con seguridad,
Muévete, muévete.
To' el mundo de frente
contra la maldad,

Muévete, muévete.
Pa' acabar el racismo
que hay aquí y allá,
Muévete, muévete.

La cantan los niños y mamá y papá.
Muévete, muévete.
Por nuestro futuro
y el de Argelia,
Muévete, muévete.

Lo pide la gente
en todas las esquinas,
Muévete, muévete.
Ay, muévete México, muévete Cuba,
muévete Alemania,
Muévete, muévete.
Mueve Guatemala, Honduras, mueve
Costa de Marfil,
Muévete, muévete.
Mueve Perú y por Dinamarca, que hoy te necesita,
Muévete, muévete.
Mueve Polonia ,
mueve El Salvador,
Muévete, muévete.
Muévete Indonesia, Brasil, avanza Ecuador,
Muévete, muévete.
Muévete Chile,
muévete India,
mueve Paraguay,
Muévete, muévete.
Anda República Checa, camina Uruguay,
Muévete, muévete.

vic&dd/Shutterstock.com/ID/BR

Rubén Blades. Muévete. In: Rubén Blades y Seis del Solar. CD *Escenas*. Disponible en: <www.youtube.com/watch?v=GFmHhV87BY>. Acceso el 17 de febrero de 2012.

2. 🎧 1 Escucha una vez más la canción y escribe los países que, según la canción, deben moverse:
   _____
   _____

A quien no lo sepa

Soweto es una región sudafricana que se tornó símbolo de la lucha en contra del *apartheid*. Nelson Mandela, gran líder político, actuó bastante en esa región.

Nelson Mandela.

Comprendiendo la voz del otro

1. Antes de escuchar la canción, has formulado hipótesis sobre la necesidad de moverse. Ahora que la has escuchado, puedes confirmar: ¿Para qué deben moverse los países de la canción?
   _____
   _____

2. Uno de los deseos del cantautor es acabar con el racismo. Relaciona la palabra Soweto a esa cuestión. Investiga dónde se ubica ese lugar y cuál es su importancia histórica.
   _____
   _____
   _____

3. ¡A jugar! Divide a la clase en equipos pequeños. Cada uno escribe el nombre de un país en que se habla el español, luego todos mezclan los papeles y, sin leerlos, cada alumno se pega uno en su frente. La pregunta clave del juego es ¿De dónde soy? Otras preguntas son posibles tales como ¿En qué continente me ubico? ¿Soy un país grande o pequeño? ¿Estoy cerca o lejos de Brasil?

4. En la canción aparecen varios versos con la palabra **pa'**. Obsérvalos:

   > "pa' los que defienden"
   > "pa' acabar con la maldad"
   > "pa' acabar el racismo"

   - ¿Qué significa esa expresión?
     _____

5. 🎧 1 Escucha la canción nuevamente y subraya la palabra que se repite con regularidad. ¿Qué efecto produce esa repetición?
   _____
   _____

veintitrés 23

Oído perspicaz: el español suena de maneras diferentes

¿Sabías que, en la lengua española, los nombres de las letras son **femeninos**? Decimos **la A**, **la B**, **la C**, **la D**, y así sigue.

Antes de estudiar el alfabeto español, ¡a reflexionar sobre los sonidos del portugués! ¿Será que todos en Brasil pronuncian las letras de la misma manera? ¡Por supuesto que no! Hay una gran variedad de sonidos de norte a sur de nuestro país: muchos que viven en el interior de São Paulo pronuncian la **R** de manera distinta de los que viven en Pernambuco; muchos que viven en Rio de Janeiro pronuncian la **S** de manera distinta de los que viven en Rio Grande do Sul. Son muchos los ejemplos de diversidad... Lo mismo ocurre en los países en que se habla el español.

1. 🎧 2 Escucha el alfabeto castellano y repite el nombre de las letras:

a) ¿Qué letra del alfabeto español no existe en el alfabeto portugués? _____

b) Ahora que conoces un poco los sonidos del español, deletrea los siguientes apellidos.

> **V**ázquez — **V**aldés — Gon**z**ález — **A**llende — **R**eal — E**ch**everría

c) ¿Puedes deletrear tu nombre y tus apellidos? Pregúntale al compañero que se sienta a tu lado: ¿cómo se escribe tu nombre?, ¿y tus apellidos?
_____

2. ¡A ejercitar la memoria! Tus compañeros y tú tendrán treinta segundos para escribir tres palabras en español con las características que se indican. A ver quién se acuerda de más palabras.
   - Palabras que empiecen por **V**
   _____
   - Palabras que tengan una **Ñ**
   _____
   - Palabras que tengan **LL**
   _____

CULTURAS EN DIÁLOGO

nuestra cercanía

1. ¿Has visto alguna vez la serie *El Chavo del Ocho*? ¡A conocer a algunos personajes de ese programa de la televisión mexicana! Por la descripción de los personajes, relaciónalos con su foto.

( ) Me llaman el Chavo y soy un niño muy pobre, pero muy creativo. Utilizo una gorra, camisa a rayas y un pantalón sostenido por dos tirantes sobre mi hombro izquierdo. Siempre digo unas frases que me identifican: "Eso, eso, eso, eso..."; "Fue sin querer queriendo"; "Es que no me tienen paciencia".

( ) Me llaman la Chilindrina, hija de don Ramón, y tengo muchas pecas. Llevo gafas, tengo dos colas, uso vestido verde y siempre llevo una chaqueta de lana color rojo. Tengo algunos apodos: "La Coladera", "Tarántula con Gafas" y "Salpicada". Siempre digo unas frases que me identifican: "Papito lindo, mi amor"; "Fíjate, fíjate, fíjate".

( ) Soy el profesor Jirafales. Llevo traje de tres piezas y corbata. Soy muy alto y por eso mis alumnos me ponen muchos sobrenombres: "Maestro Longaniza", "Tobogán de Saltillo" y "Manguera de Bomberos". Siempre digo una frase que me identifica: "¡Ta, ta, ta, tá!".

( ) Me llamo Federico, pero me gusta que me llamen Quico. Soy el mejor amigo de Chavo. Vivo con mi madre doña Florinda. Visto un traje estilo marinero color negro. En la cabeza, llevo un sombrero de colores. Tengo algunos apodos: "Cachete de Marrana Flaca" y "Cachete de Toronja de a Peso". Siempre digo unas frases que me identifican: "¡Ay, ya cállate, cállate, cállate, que me desesperas!"; "¿No me simpatizas?".

Vocabulario de apoyo
Chavo: es sinónimo de "muchacho", "chaval", "chamaco".
Chilindrina: apodo que tiene el personaje, y que se refiere a que la niña tiene en la cara pecas o granitos parecidos a los granos de azúcar del pan o bizcocho que se llama así.
Jirafales: es un apodo que se refiere al cuello alto de la jirafa.
Quico: es una manera cariñosa de abreviar el nombre propio. En este caso, **Quico** tiene la misma terminación (**-ico**) de **Federico**.

CULTURAS EN DIÁLOGO

2. Muchas veces, las personas se caracterizan y son identificadas por su lenguaje, su manera de vestir y por sus apodos. Has observado que los personajes del programa *El Chavo del 8* tienen características bien definidas. Completa la tabla abajo:

3. Ahora, ¡a pensar en ti! ¿Tienes apodo/sobrenombre? ¿Tienes frases que siempre dices? ¿Cuáles son tus muletillas? ¿Te vistes de una manera típica?

_____
_____

A quien no lo sepa

En Brasil, *El Chavo del 8* es conocido como *Chaves*. Millones de personas siguen viendo las aventuras de esos personajes en la TV. Algunos de ellos cambiaron de nombre en la traducción para nuestro país. El Chavo es "Chaves", la Chilindrina es "Chiquinha" y el padre de Chilindrina, don Ramón, es "seu Madruga".

¿LO SÉ TODO? (AUTOEVALUACIÓN)

Lectura	¿Qué es DNI?	¿Para qué sirven los documentos?	¿Qué datos poseen los papeles?
Escritura	¿Cómo se rellena una ficha?	¿Qué cuidados debo tener para rellenar una ficha?	¿Qué datos piden las fichas de inscripción?
Escucha	¿Qué música escuché?	¿Quiénes deben moverse?	¿Qué países logré escuchar?
Habla	¿Cuál es mi arte o mi afición?	¿Cómo son mis compañeros?	¿Cómo se preguntan y se contestan los datos personales en español?
Gramática	¿Cuáles son los pronombres propios de hablas formales e informales?	¿Cuáles son los verbos en español que ya conozco?	¿Sé usar el presente de indicativo para presentarme?
Vocabulario	¿Cómo se llaman las letras del alfabeto en español?	¿Qué son apodos, apellidos y sobrenombres?	¿Qué significa *chilindrina*?
Cultura	¿Cómo se llaman los personajes del Chavo en español?	¿De dónde son los personajes del Chavo?	¿Cuál es la historia de mis apellidos?
Reflexión	¿Cuáles son los países en los que se habla español?	¿Qué he aprendido sobre ellos?	¿Qué personalidades del mundo hispánico conozco yo?

GLOSARIO VISUAL

Palabras en contexto

¿Conoces a todos los de tu clase? Para presentarnos utilizamos varias expresiones. Mira a esos chicos. Son la nueva peña del Colegio Nacional y están conociéndose.

¡Hola! Me llamo Julia, soy española. Y vosotros, ¿cómo os llamáis? ¿De dónde sois?

Mi nombre es Francisco, pero mi apodo es Paco. Soy colombiano. Vivo en Brasil con mis padres desde mis siete años.

Y yo soy Graciela, pero me dicen Graci. Como Paco, también soy extranjera. Mi nacionalidad es argentina. Vivo en Brasil desde el año pasado.

Palabras en imágenes

juguete

ludoteca

pantalones a rayas

2

Cine en casa: ¡a convivir con la familia y la pandilla!

Fotomontaje: Ligia Duque/ID/BR

402	Mujer separada. Su hijo. La abuela.
401	Un hombre viudo. Su hija.
302	Dos hermanos.
301	Una abuela. Su nieta universitaria.
202	*Una mujer.*
201	Un hombre. Su perro, Curro.
102	Una mujer, su novio y sus hijas.
101	Dos mujeres, su hija.

No hay familias modelo, simplemente, modelos de familia.

En esta unidad...

...reflexionaremos sobre la temática de la familia, aprenderemos estructuras de presentación y estudiaremos algunos elementos del séptimo arte. Al final podremos contestar a las preguntas: ¿Cuál es el modelo de mi familia? ¿Cómo sería la película de mi vida?

¡Para empezar!

1. Observa la imagen de al lado, que representa el interfono de un edificio y fue adaptada de una campaña en youtube.com sobre el tema familia.
   a) En "No hay familias modelo, simplemente modelos de familia", ¿qué significa la palabra **modelo**? Busca en el diccionario las diferentes acepciones.
   b) Según la campaña, ¿por qué no hay familias modelo, sino modelos de familia?
   c) ¿Cuántos modelos de familia conoces?

2. Observa la imagen a continuación. Organícense en grupos de tres. El objetivo es crear un eslogan para una campaña en el barrio para que las personas reflexionen sobre los varios modelos de familia. ¿Qué eslogan crearían? No se olviden de que el eslogan debe ser creativo y llamativo.

Transversalidad
Aquí el tema transversal que se introduce es la cuestión de los varios tipos de familia en la contemporaneidad.

veintinueve 29

Género textual
- Sinopsis de película

Objetivo de lectura
- Elegir si se quiere ver o no la película.

Tema
- Vacaciones y viajes

El español alrededor del mundo
En España la sigla DVD se pronuncia **deuvedé**; en América predomina la forma **devedé**.

■ Lectura

Almacén de ideas

¿Sabes qué es una familia ensamblada? Mira la tapa del DVD de la película *Míos, tuyos, nuestros* y haz hipótesis.

1. Basándote en la tapa, la película es esencialmente:
   ( ) de horror.   ( ) de comedia.   ( ) de aventura.
   ( ) de ciencia ficción.   ( ) de amor.

2. ¿Qué elementos te permiten inferir el género de la película?
   _____
   _____
   _____

3. ¿Qué esperas ver en esa película? ¿Cómo debe ser la trama?
   _____
   _____
   _____

Red (con)textual

En la contratapa de un DVD aparece la sinopsis de la película, que nos cuenta un poco sobre la historia que se verá. Pero, además de la sinopsis, hay otras informaciones, tales como idiomas, subtítulos, duración, escenas extras, entre otras. Pon atención en todo y, al final de las actividades, vas a decir si quieres ver o no esa película.

Tejiendo la comprensión

1. Por la sinopsis, ¿qué quiere decir el título de la película *Míos, tuyos, nuestros*?
   _____
   _____

2. ¿Qué informaciones hay en la sinopsis? ¿En ella se debe elogiar o criticar el filme?
   _____
   _____

treinta y uno 31

3. ¿Se puede contar el desenlace? ¿Por qué?
   _____
   _____
   _____

4. Según la sinopsis, ¿los hijos están de acuerdo con el matrimonio? ¿Qué hacen?
   _____
   _____

5. La película *Míos, tuyos, nuestros* es esencialmente una comedia. En la sinopsis, ¿cuál es la expresión que aparece relacionada con la risa?
   _____
   _____

6. ¿Cómo imaginas que será el final de la película?
   _____
   _____

7. ¿Qué otras informaciones da la contratapa? Anota los elementos más importantes.
   Actores principales: _____
   Idiomas: _____
   Subtítulos: _____
   Duración: _____

8. ¿Qué elementos extras trae el DVD? ¿Para qué sirven?
   _____
   _____
   _____
   _____

9. La película trata de una familia ensamblada, esto es, formada por personas que fueron casadas y que tienen hijos de otro matrimonio. ¿Conoces alguna familia así?
   _____
   _____

10. ¿Te dan ganas de ver la película? Si vas a alquilarla, ¿qué tal hacer palomitas para comer mientras te diviertes con tus amigos?
    _____
    _____

El español alrededor del mundo

Las que en México y España se llaman **palomitas de maíz** tienen otras denominaciones en diversas partes: **pochoclos** en Argentina; **cabritas**, en Chile; **pororó** o **pop**, en Uruguay; **cotufas**, en Venezuela.

32 treinta y dos

Vocabulario en contexto

1. En la película, Helen es madre de diez hijos y Frank es padre de ocho hijos. Ellos pretenden casarse y formar una nueva y gran familia feliz. Consulta el diccionario portugués/español y contesta:
   a) Para los hijos de Frank, Helen será su _____.
   b) Para los hijos de Helen, Frank será su _____.
   c) Los hijos de Helen y los de Frank serán entre sí _____.

2. Observa el árbol genealógico de la familia Simpson y rellena las frases con las palabras del recuadro:

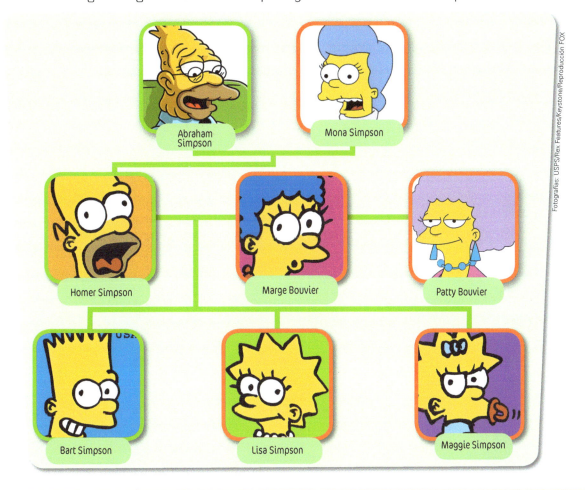

   hijos – nuera – padres – abuelos – cuñada – nietos – sobrinos

   a) Bart, Lisa y Maggie son _____ de Homer y Marge.
   b) Bart, Lisa y Maggie son _____ de Abraham y Mona.
   c) Bart, Lisa y Maggie son _____ de Patty.
   d) Abraham y Mona son _____ de Homer.
   e) Abraham y Mona son _____ de Bart, Lisa y Maggie.
   f) Patty es _____ de Homer.
   g) Marge es_____ de Mona.

3. Ahora es tu turno. Haz tu árbol genealógico en una hoja grande para mostrárselo a todos de tu clase. Puedes pegar las fotos de tus parientes. En cada recuadro escribe quiénes son en relación contigo.

Gramática en uso

Los posesivos

1. Fíjate bien en el título de la película: *Míos, tuyos, nuestros*. Por el contexto de la historia de la película, ¿a quiénes se refieren esas palabras?
___
___
___

2. En la sinopsis de esa película, has leído la siguiente frase. Fíjate bien en la palabra destacada:

   El almirante Frank Beardsley (Quaid), un viudo con ocho hijos, dirige **su** hogar como si fuera un buque de guerra.

   ¿A qué remite la palabra **su**?
   ___
   ___

Los posesivos después del sustantivo

Los posesivos concuerdan en número (singular y plural) y género (masculino y femenino) con el sustantivo. Observa:

Pronombres personales	Masculino singular	Masculino plural	Femenino singular	Femenino plural
Yo	Hijo mío	Hijos míos	Hija mía	Hijas mías
Tú / Vos	Hijo tuyo	Hijos tuyos	Hija tuya	Hijas tuyas
Él / Ella / Usted	Hijo suyo	Hijos suyos	Hija suya	Hijas suyas
Nosotros(as)	Hijo nuestro	Hijos nuestros	Hija nuestra	Hijas nuestras
Vosotros(as)	Hijo vuestro	Hijos vuestros	Hija vuestra	Hijas vuestras
Ellos / Ellas / Ustedes	Hijo suyo	Hijos suyos	Hija suya	Hijas suyas

Los posesivos antes del sustantivo

Los posesivos antes del sustantivo concuerdan en número (singular y plural) con el sustantivo. Ejemplo:

Véase también el **objeto educacional digital** "¡Ayude a Jimena!".

Mi familia / **Mis** familias (yo)
Tu familia / **Tus** familias (tú/vos)
Su familia / **Sus** familias (usted / ustedes)

En cambio, la primera y segunda persona del plural **nosotros(as)** y **vosotros(as)** concuerdan también en género (femenino y masculino).

Nuestra hija / Nuestras hijas (nosotras)   Vuestra hija / Vuestras hijas (vosotras)
Nuestro hijo / Nuestros hijos (nosotros)   Vuestro hijo / Vuestros hijos (vosotros)

3. Elige el posesivo que usarás en las frases de abajo. Ojo a la posición del sustantivo:

a) _____ hermanos se llaman Pablo y Juan. Los amo muchísimo.

b) No conozco a esa hermana _____. ¿Vives con ella?

c) Señora, ¿cuáles son los apellidos _____?

d) Nosotros nos vemos casi siempre. _____ familia es muy unida.

Los numerales cardinales (0 a 20)

1. En la película *Míos, tuyos, nuestros* se da la unión de los hijos de los miembros de la nueva pareja. Vuelve a la sinopsis y contesta:

¿Cuántos hijos tiene Frank? _____.

¿Cuántos hijos tiene Helen? _____.

¿Cuántos hijos tienen juntos Frank y Helen? _____.

2. ¡A pensar en la formación del numeral **dieciocho**!

diez + ocho = dieciocho

En el numeral dieciocho, ¿qué parte de la palabra representa el numeral **diez**?

_____

_____

3. Esa formación ocurre también con los numerales 16, 17 y 19. Intenta escribirlos:

Diez + seis = _____.

Diez + siete = _____.

Diez + nueve = _____.

4. ¡A conocer otros numerales! Relaciona las dos columnas.

a) 0   (   ) cuatro
b) 1   (   ) cero
c) 2   (   ) cinco
d) 3   (   ) uno
e) 4   (   ) dos
f) 5   (   ) tres

5. Gabriel tiene seis años y está muy celoso pues su mamá se encuentra embarazada de mellizos, esto es, gemelos no idénticos. Ahora, se pasa todo el tiempo pensando en eso. Completa los enunciados con los numerales escritos con letras.

a) ¡Qué pasa con esta familia! Solo porque yo nací solo y mis hermanitos van a venir de a _____ (2) están todos muy contentos.

b) Mira, mamá, si mis hermanos van a ganar _____ (4) cochecitos, _____ (6) muñecos del Hombre Araña y _____ (8) pelotas de fútbol, yo quiero ganar por lo menos unos _____ (10) juguetes diferentes.

c) Ya que los mellizos van a tener muchos cariños, no voy a aceptar recibir menos de _____ (3) besitos en las mejillas y _____ (1) abrazo bien fuerte de mis papás cada _____ (5) minutos.

d) ¡Ojalá mi abuela no me olvide! No quiero que ella se quede más de _____ (7) días sin venir a mi casa. Ahora, todos solo hablan de los tales mellizos. Y todavía falta _____ (6) meses para que vengan al mundo.

6. Mira cómo se escriben los numerales 0, 11, 12, 13, 14 y 15 en portugués. Después, intenta escribir estos numerales en español. ¡Ojo! El primero está puesto como ejemplo.

En portugués	0 zero	11 onze	12 doze	13 treze	14 catorze	15 quinze
En español	0 cero	11 _____	12 _____	13 _____	14 _____	15 _____

7. Hemos visto los numerales de 0 a 19. Falta el número 20. ¿Sabes cómo se escribe el número 20? Intenta encontrarlo en la "sopa de letras". Te damos una pista: empieza con la letra **V**.

A quien no lo sepa

En la lengua española no existen palabras que se escriban con **ze** y **zi**. Si sabes eso, no hay forma de cometer errores a la hora de escribir los numerales.

En la lengua española, los monosílabos (palabras que tienen una sola sílaba) no llevan tilde. Ejemplo: el numeral **tres**.

El numeral **dos** se usa tanto para las palabras femeninas como para las masculinas. Ejemplo:
Tengo **dos** hijos.   Tengo **dos** hijas.

Escritura

Conociendo el género

Se pueden encontrar sinopsis de películas en las portadas de los DVD, en sitios de internet, en la cartelera del cine, en revistas o periódicos.

Como has visto, generalmente, además de una sinopsis elogiosa sobre la película, la tapa de un DVD presenta otros elementos. Sabiendo eso, mira la tapa y la contratapa que está abajo y contesta.

> **Género textual**
> - Sinopsis de película
>
> **Objetivo de escritura**
> - Despertar en el lector el deseo de ver la película y ganar el concurso de mejor tapa y contratapa.
>
> **Tema**
> - Familia
>
> **Tipo de producción**
> - Individual
>
> **Lectores**
> - Espectadores de la película de Agresti

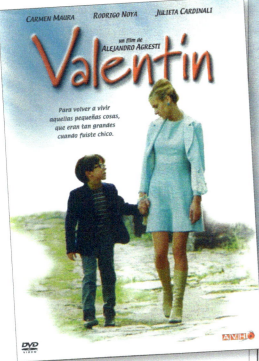

1. ¿Cuál es el título de la película? _____
2. ¿Quién es el director de esa película? _____
3. ¿Quiénes son los actores principales? _____
4. ¿En qué idioma está la película? _____
5. ¿Hay subtítulos? ¿En qué idiomas? _____

treinta y siete 37

6. Observa el uso de los paréntesis ( ) en las siguientes frases:

> "Valentín, de nueve años (*Rodrigo Noya*)..."
> "Valentín vive en Buenos Aires junto a su abuela (*Carmen Maura*)..."
> "Cuando su padre comienza a salir con la bella y encantadora Leticia (*Julieta Cardinale*)..."

¿Cuál es su función en las sinopsis?

_____

_____

7. Al final de la contratapa, está escrito "apta para todo público". ¿Qué significa eso?

_____

8. ¿Cuál es la duración de la película?

_____

9. Lee la sinopsis: ¿de qué trata la historia?

_____

_____

10. ¿Qué palabras de esa sinopsis se relacionan con el vocabulario relativo a la familia?

_____

Gramática en uso

Verbos en presente de indicativo

1. Antes de escribir tu sinopsis, vamos a estudiar algunos verbos en presente de indicativo. Lee nuevamente la sinopsis de *Valentín*:

> *Valentín, de nueve años (Rodrigo Noya) no desea otra cosa que una familia verdadera e intentará todo por crearla a partir de las piezas de su destrozado hogar.*
>
> *Abandonado por su padre, un mujeriego temperamental (Alejandro Agresti) y por su madre, misteriosamente ausente, Valentín vive en Buenos Aires junto a su abuela (Carmen Maura), pero ello no le impide soñar grandes cosas para su futuro.*
>
> *Cuando su padre comienza a salir con la bella y encantadora Leticia (Julieta Cardinale), Valentín toma el papel de Cupido, con la esperanza de que este vuelva a casarse y le dé la madre que ha estado ansiando por años. Pero sus mejores planes fracasan y provocan aun más problemas en su vida, hasta que un inesperado cambio le revela los misteriosos caminos del amor.*

Los verbos subrayados están conjugados en presente de indicativo. ¿Cuál es su función en las sinopsis? Marca la respuesta adecuada:

( ) Describir a los personajes y narrar la historia que será vista.

( ) Narrar las escenas de la película y los hechos de los personajes.

( ) Expresar puntos de vista de los actores sobre sus personajes.

( ) Ordenar acciones de los personajes y decir qué tienen que hacer.

2. ¿A qué persona gramatical se dirige la forma verbal de cada enunciado? Vuelve a la sinopsis e intenta buscar quién o qué:

"... no desea otra cosa que una familia verdadera...": _____

"... vive en Buenos Aires junto a su abuela...": _____

"... comienza a salir con la bella y encantadora Leticia...": _____

"... toma el papel de Cupido...": _____

"... fracasan y provocan aun más problemas en su vida...": _____

3. Lee nuevamente la sinopsis de la película *Míos, tuyos y nuestros* en la página 31 y subraya los verbos que están en presente de indicativo. Antes, observa bien la tabla con las terminaciones de los verbos regulares y su relación con los pronombres sujeto. ¡Ojo! el verbo **ser** es irregular y no sigue la regularidad de las terminaciones en la tabla.

Pronombres sujeto \ Verbos	Amar	Beber	Vivir
Yo	am**o**	beb**o**	viv**o**
Tú / Vos	am**as** / am**ás**	beb**es** / beb**és**	viv**es** / viv**ís**
Él / Ella / Usted	am**a**	beb**e**	viv**e**
Nosotros / Nosotras	am**amos**	beb**emos**	viv**imos**
Vosotros / Vosotras	am**áis**	beb**éis**	viv**ís**
Ellos / Ellas / Ustedes	am**an**	beb**en**	viv**en**

Planeando las ideas

Imagínate que Alejandro Agresti, director de *Valentín*, está interesado en filmar una película sobre tu familia y tu pandilla. ¿Cómo sería?

1. Vamos a crear la tapa y la contratapa del DVD de esa película. Para planear tus ideas, tienes que contestar a las siguientes preguntas:

- ¿Cuál va a ser el título?
- ¿Quiénes serán los personajes principales? ¿Y los secundarios? Piensa por lo menos en dos para cada.
- ¿Quiénes serán los actores invitados para hacer cada personaje?

- ¿En qué idiomas estarán los diálogos y los subtítulos?
- ¿Cuál será la franja de edad de los espectadores?
- ¿Cuál será la duración de la película?
- ¿Qué género tendrá? ¿Comedia? ¿Drama? ¿Suspense? ¿Otro?

treinta y nueve 39

2. Vas a rellenar la tabla abajo con los datos de los cuatro personajes de tu película. ¿Cuál es el nombre de los personajes? ¿Cuáles son sus apellidos? ¿Cuál es el parentesco de los personajes contigo? ¿Cuántos años tiene cada pariente? ¿Cuál es la profesión o la actividad principal de cada uno? Completa el recuadro con esas informaciones.

Nombre	Apellidos	Parentesco	Edad	Profesión

3. Ahora, es necesario caracterizar a los personajes. ¿Qué admiras en ellos? ¿Cuáles son sus defectos? Elige los adjetivos abajo y caracteriza a sus personajes.

divertido(a)	infeliz	perezoso(a)	aburrido(a)
alegre	hábil	trabajador(a)	malvado(a)
contento(a)	inteligente	tacaño(a)	irritante
feliz	simpático(a)	temible	entretenido(a)
chistoso(a)	informal	descuidado	torpe

Nombre del personaje	Cualidades	Defectos

Taller de escritura

¡A producir la sinopsis, la tapa y la contratapa de la película en un borrador!

(Re)escritura

Cambia tu plan de producción con el de un compañero: ¡A hacerte de revisor! Pon atención:
- a los elementos característicos de la sinopsis, la tapa y contratapa (¿les faltan elementos?);
- a las imágenes (¿están coherentes con el título y la historia?).

Si es necesario, haz las correcciones indicadas por tus compañeros.

Después, todos pueden hacer una votación: ¿Cuáles son las mejores tapas y contratapas de la clase? De entre los trabajos de tus compañeros, elige el primero, el segundo y el tercer lugar.

■ Habla

Lluvia de ideas

Vas a presentarle a tu amigo de la escuela un pariente tuyo. La situación es la siguiente: estás frente al cine para ver la película *Valentín* y un compañero de tu clase aparece. En este momento, hay que decirle quién es la persona que está contigo. Para representar esta situación, sigue estas etapas:

1. Forma tríos y elige qué papel cumplirá cada uno en esta escena.
2. Caracteriza al pariente y dale nombre, apellidos, edad, profesión, cualidades, defectos.
3. Estudia bien las formas de presentación, de saludo y de despedida que siguen.

Género textual
- Presentación

Objetivo de habla
- Presentar a un pariente.

Tema
- Familia

Tipo de producción
- En grupos de tres

Oyentes
- Amigos de la clase

Gramática en uso

Presentación y agradecimiento

Presentación formal	Presentación informal
Me llamo… ¿y **usted**?	Me llamo… ¿y **tú**? o ¿y **vos**?
Mi nombre es… ¿y el **suyo**?	Mi nombre es… ¿y el **tuyo**?
¿**Es** usted…?	¿**Eres**…? o ¿**Sos**…?
Le presento a…	**Te** presento a…
Encantado(a) de conocer**lo(la)**	Encantado(a) de conocer**te**.
Este es… / Estos son… / Esta es… / Estas son…	
Mucho gusto	

Formas de agradecimiento	Gracias / Muchas gracias / De nada

En tu presentación, charlarás con tu amigo de clase. Marca la opción de tratamiento que usarás:

( ) tratamiento formal ( ) tratamiento informal

Saludos y despedidas

En las relaciones sociales, es normal que cuando las personas se encuentran, se saluden y se despidan. Hay varias maneras de hacerlo. Abajo te ponemos ejemplos.

Saludos	¡Hola! ¿Qué tal?	¡Buenos días!	¡Buenas tardes!	¡Buenas noches!	¡Buenas!
Despedidas	Adiós	Hasta luego	Hasta la vista	Chao	Abrazos

cuarenta y uno **41**

Rueda viva: comunicándose

Observa la escena que te ponemos como modelo. Fíjate que ese modelo no pretende ser exclusivo ni cerrado. Es una forma de darte una ayuda para que no te sientas inseguro.

¡A concluir!

Ahora, cambien los papeles. Habrá otro pariente, y es necesario caracterizarlo antes de hacer las presentaciones.

■ Escucha

¿Qué voy a escuchar?

Género textual
- Tráiler de una película

Objetivo de escucha
- Captar informaciones centrales de la vida de Valentín.

Tema
- La familia de Valentín, personaje de la película

1. ¿Sabes qué es un tráiler o avance? ¿Cuándo se proyecta un tráiler? ¿Cuál es el objetivo de ese género? ¿Cómo debe ser un buen tráiler?

_____
_____
_____

2. Ya leíste la sinopsis de la película *Valentín*, ¿verdad? Ahora, antes de escuchar su tráiler, formula hipótesis y señala la opción que crees ser la verdadera:

   a) ¿Con quién(es) vive Valentín?
      ( ) Con el padre, la madre y los hermanos.
      ( ) Con la abuela solamente.
      ( ) Con la abuela y la madre.
   b) ¿De qué género es la película?
      ( ) Drama.   ( ) Ciencia ficción.   ( ) Horror.

A quien no lo sepa

En el filme *Valentín*, los personajes se tratan de **vos**, ya que la historia se pasa en Argentina: "¿Sos vos?", "¡Tenés moco!", "...tenés que tomar la leche". A las regiones donde se emplea **vos** se les llama **voseantes**; a las que prefieren **tú** se les conoce como **tuteantes**. Al uso de **vos** en lugar de **tú** se le llama **voseo**; **tuteo** es el empleo de **tú**.

Escuchando la diversidad de voces

🎧 3 Vas a escuchar el tráiler de *Valentín*. Sigue la transcripción y complétala con las palabras que faltan.

(El sueño de) Valentín

VALENTÍN: Hola, yo me llamo Valentín, tengo 8 años. Solo vivo con mi _____.
ABUELA: Valentín Merilla. Venga, que tenés que tomar la leche.
ABUELA: ¡Tenés moco!
VALENTÍN: ¡No tengo!
ABUELA: ¡Sonate!
VALENTÍN: ¡No tengo!
VALENTÍN: A ella se le murió el _____ el año pasado. O sea, mi _____. Y entonces desde esa época habla sola, se queja de todo...
ABUELA: Le ponía los cuernos a tu _____ cuando todavía te daba la teta.

VALENTÍN: Igual, sea como sea, ella es mi _____. Y yo la extraño mucho.
PADRE: Es una nueva relación. Yo la veo que puede llegar a ser tu _____ esta chica.
VALENTÍN: ¿Es _____?
VALENTÍN: ¿Sos vos?
MUJER: ¿Y vos sos vos?
VALENTÍN: Vos sos la _____ de él que más me gusta. A mi _____ le duran tan poco las _____...
PADRE: No me tocarás el pelotudo conmigo, ¡eh!
VALENTÍN: ¿Qué le pasa a todo el mundo que se pelea y me tiene que meter a mí siempre en el medio?
PROFESORA: Muy bien, Valentín, muy bien.
VALENTÍN: No me moleste, señorita, que vengo con todo.
AMIGO: Y vos, ¿de qué escribís tanto?
VALENTÍN: De mi _____, boludo. ¿De qué voy a escribir?

cuarenta y tres 43

Comprendiendo la voz del otro

1. A checar tus hipótesis iniciales. Lee la transcripción y contesta:

   a) ¿Con quién(es) vive Valentín? _____

   b) ¿De qué género es la película? _____

2. ¿Cómo imaginas el final del filme?
   _____
   _____
   _____

3. Por lo que escuchaste, ¿te gustó el tráiler de Valentín? ¿Te pareció una buena propaganda del filme?
   _____
   _____
   _____
   _____

4. ¿Te gustaría ver a la película *Valentín*? ¿Por qué?
   _____
   _____

Oído perspicaz: el español suena de maneras diferentes

🎧 4 En español hay cinco letras vocales y cinco sonidos vocálicos. Cada una de las cinco vocales españolas se pronuncia de la misma manera en cada palabra. Escucha la pronunciación de las vocales en los ejemplos a continuación. Después, repite cada palabra en voz alta.

/a/: m**a**r, **a**ve, m**a**ñ**a**n**a**, c**a**nto, p**á**j**a**ro, puert**a**.

/e/: p**e**z, l**e**che, si**e**te, col**e**gio, M**é**xico, caf**é**.

/i/: h**i**jo, s**i**mple, sal**í**, Valent**í**n, conm**i**go, v**i**vo.

/o/: s**o**l, s**o**l**o**, **o**j**o**s, **o**bra, **ó**pera, m**o**do.

/u/: **ú**ltimo, g**u**star, ab**u**elo, Per**ú**, t**ú**.

En portugués no sucede lo mismo, pues las vocales /a/, /o/, /e/ pueden ser cerradas (**ano**, **ele**, **avô**) o abiertas (**ave**, **ela**, **avó**).

44   cuarenta y cuatro

CULTURAS EN DIÁLOGO

nuestra cercanía

1. ¡A conocer a la familia real española! ¿Sabías que, en España, el sistema de gobierno es la monarquía parlamentaria? Vas a ver las fotos del rey y de la reina de España.

Su majestad el rey don Juan Carlos.

Su majestad la reina doña Sofía.

A diferencia de España, cuyo gobierno es la monarquía parlamentaria, Brasil tiene un sistema de gobierno republicano demócrata. Ahora, ¡a investigar! Marca **V** para verdadero y **F** para falso. El profesor de Historia seguramente podrá ayudarte.

( ) En la monarquía parlamentaria, el jefe de Estado es el(la) presidente(a).
( ) En la república demócrata, el jefe de Estado es el rey.
( ) En la monarquía parlamentaria, el puesto de jefe del Estado es hereditario.
( ) En la república demócrata, se elige al jefe de Estado por el voto popular.
( ) En la monarquía parlamentaria hay un primer ministro, jefe del gobierno.
( ) Con excepción de España, todos los países en que el español es lengua oficial son republicanos.

2. Lee una parte del artículo 57 de la Constitución Española de 1978.

Art. 57

1. La Corona de España es hereditaria en los sucesores de S. M. Don Juan Carlos I de Borbón, legítimo heredero de la dinastía histórica. La sucesión en el trono seguirá el orden regular de primogenitura y representación, siendo preferida siempre la línea anterior a las posteriores, en la misma línea el grado más próximo al más remoto, en el mismo grado, el varón a la mujer, y en el mismo sexo, la persona de más edad a la de menos.
[...]

cuarenta y cinco 45

CULTURAS EN DIÁLOGO

Ahora, observa las fotos, los nombres y las fechas de nacimiento de los hijos del rey Juan Carlos y de la reina doña Sofía. ¿Qué cabeza recibirá la corona en la sucesión?

Doña Elena María Isabel Dominica de Silos de Borbón y Grecia.
20 de diciembre de 1963

Doña Cristina Federica de Borbón y Grecia.
13 de junio de 1965

Don Felipe de Borbón y Grecia.
30 de enero de 1968

3. Ahora que ya conoces el sistema de gobierno de España y Brasil, ¡a investigar las formas de gobierno de otros países! Rellena la siguiente tabla:

Países	Forma de gobierno
Cuba	
Argentina	
Venezuela	
México	
Inglaterra	
Japón	
Estados Unidos	

46 cuarenta y seis

¿LO SÉ TODO? (AUTOEVALUACIÓN)

Lectura	¿Qué son tapas, contratapas y sinopsis?	¿Me gusta el cine en familia?	¿Qué género de película prefiero?
Escritura	¿Cómo es la película de mi vida?	¿Quiénes son los personajes principales?	¿En la película, tengo yo un final feliz?
Escucha	¿Qué es un tráiler?	¿Pronuncio bien las vocales en español?	¿Quién es Valentín? ¿Cuál es su sueño?
Habla	¿Qué expresiones uso para presentar a alguien?	¿Qué datos son importantes en esa presentación?	¿Cómo presentaría yo a mi abuela o abuelo?
Gramática	¿Sé contar hasta el 20 en español?	¿Cómo me presento, saludo y me despido en español? ¿Uso bien los posesivos?	¿Sé conjugar "hablar", "comer" y "vivir" en español en presente de indicativo?
Vocabulario	¿Cómo se nombran los grados de parentesco en español?	¿Cuáles son los parientes de una familia ensamblada?	¿Qué palabras puedo usar para caracterizar cosas buenas y malas?
Cultura	¿Cómo es el sistema de gobierno en España?	¿Quiénes son los que gobiernan España actualmente?	¿Cómo es el sistema de gobierno en Brasil?
Reflexión	¿Cuál es la importancia de la familia?	¿Qué actividades se pueden hacer en familia?	¿Cuál es el modelo de mi familia?

GLOSARIO VISUAL

Palabras en contexto

¿Te gusta la serie Harry Potter? Los siete libros de J. K. Rowling se tradujeron a muchas lenguas. Mira lo que dicen algunos personajes de la saga.

> Oye, me llamo Harry Potter. Soy un brujo muy famoso. Mis mejores amigos son Mione y Ron. Mis papás se murieron cuando yo era todavía un nene.

> ¡Hola! Soy Rony Wesley. Mis amigos me dicen Ron. Soy entretenido y bien chistoso. Cuando grande, me caso con Hermione, mi amiga de niñez.

> Y nosotros somos Fred y Jorge. Somos mellizos. Somos muy listos y traviesos. En la adolescencia, éramos inseparables.

> Y yo soy Hermione Granger, una brujita muy inteligente. Mi apodo es Mione. Sé hacer magia y mi mascota es un gato muy gordo.

Palabras en imágenes

lienzo

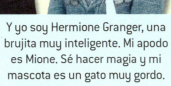
mejillas

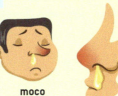
moco

cuarenta y siete 47

Repaso: ¡juguemos con el vocabulario y la gramática!

Unidades 1 y 2

Individual

1. ¿Qué tal se te dan las cuentas? ¡A ver si consigues rellenar el enigma matemático! Después, escribe por extenso los numerales que has usado para resolver las operaciones.

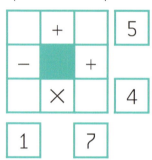

2. ¿Quiénes serán los parientes? ¡A las adivinanzas!

   a) ¿Qué clase de pariente mío es el hijo de la hermana de mi madre?
   _____

   b) La persona que más quiero en este mundo es, precisamente, la suegra de la mujer de mi hermano. ¿Quién es esa persona?
   _____

   c) Empieza por "a" y no es ave, sin ser ave, vuela. ¿Quién será?
   _____

   d) Nieto de tu bisabuelo, padre de tus hermanos, de tus primos es el tío y de tus tíos hermano.
   _____

En parejas

1. ¿Sabes deletrear el alfabeto en español? ¡A jugar al ahorcado! Uno elige la palabra y el otro intenta adivinarla. La base ya está puesta. A su lado, el que elegirá la palabra tiene que poner el número de rayas correspondientes al número de letras de la palabra. Si la palabra es "arte" serán 4 rayas "____ ____ ____ ____". El que tiene que adivinarla irá diciendo letras que le parece que pueden estar en la palabra. Si acierta, se escriben las letras adivinadas en la raya. Si la letra no está, se agrega una parte del cuerpo al muñeco (cabeza, cuerpo, brazos, piernas). Gana el que complete la palabra y pierde si se completa el cuerpo del ahorcado antes de terminarla.

   La palabra que se elegirá será la respuesta para las siguientes preguntas:

   a) ¿Qué me encanta en la lengua española?   b) ¿Cuál es mi arte o mi oficio?

Ilustraciones: ID/BR

48   cuarenta y ocho

2. ¡A jugar el juego de los verbos y los pronombres! Uno conjuga un verbo. El otro tiene que decir a qué persona se refiere.

Ejemplo:　**Alumno A**: Somos. **Alumno B**: Nosotros.

　　　　　　Alumno B: Tengo. **Alumno A**: Yo.

En tríos

¡A producir nuestro juego! Vas a copiar las tarjetas que se ponen a continuación en papel cartón. Después, recórtalas con las tijeras y ponlas boca abajo. Luego, hay que barajar el juego. Cada alumno saca una tarjeta y tiene que cumplir la tarea indicada. El que acierta, se queda con la tarjeta. Si no acierta, tiene que ponerla nuevamente boca abajo y barajar el juego. Gana el que tenga más tarjetas en la mano al final del juego.

¿Te acuerdas del mapa del español en el mundo?
Cita por lo menos 6 países que tienen el español como idioma oficial.

¿Te acuerdas de los numerales?
A contar en voz alta del 11 al 20.
Ojo con la pronunciación.

Si naciste en Brasil, eres brasileño(a), ¿correcto?
Y quienes nacen en China, Venezuela, Estados Unidos, Paraguay y Guatemala, ¿qué son?

Has aprendido la diferencia entre apellido y apodo, ¿correcto?
¿Cuáles son tus apellidos? ¿Y tus apodos?

¿Aprendiste los días de la semana? A ver…
¿Cuáles son los días que tienes clases en la escuela?

¿Sabes presentarte en español? A ver…
Di cuál es tu nombre, tu edad, tu nacionalidad, dónde vives y el número de tu teléfono.

Las estaciones del año son invertidas en los hemisferios, ¿no es así?
¿Cuándo en Brasil es invierno, en México es…? ¿Cuándo en Uruguay es primavera en España es…?

¿Sabes decir en español los meses del año? A ver…
¿Cuál es el mes del Día del Maestro? ¿Cuál es el mes en el que los portugueses llegaron en Brasil? ¿En qué mes se conmemora la Navidad?

¿Te acuerdas de los adjetivos posesivos que usamos antes y después de los sustantivos? Completa:
Mi yerno – yerno _____
Tu nuera – nuera _____
Su madre – madre _____

En grupos

¡A jugar al bingo! En la tarjeta de abajo, escribirás cinco adjetivos en bolígrafo, pues no se pueden borrar. ¿Te acuerdas? En cuanto todos rellenen la ficha, la profesora va a decir 20 adjetivos en el orden que a ella se le ocurra. El que marque primero los cinco que escribió ganará el juego.

BINGO DE LOS ADJETIVOS				

cuarenta y nueve 49

3 Noticias de nuestro entorno: ¡a cuidar el medio ambiente!

Protesta de niños bolivianos contra la contaminación acústica.

Basurero en Ilha Comprida, São Paulo.

Chicos brasileños participan en un proyecto de reciclaje.

Cada año en España se producen cerca de 16 000 muertes ligadas a la contaminación.

En esta unidad...

... nos enteraremos de los impactos de la acción humana en el medio ambiente. También pensaremos en actitudes sencillas que podremos practicar en nuestro entorno. Veremos que muchos animales están en peligro de extinción. Al final podremos contestar a las preguntas: ¿Sé titular una noticia sobre un problema ambiental? ¿Soy una enfermedad o una cura para el planeta?

MAPA SEMÁNTICO

¡Para empezar!

1. Fíjate en las imágenes de al lado. ¿Qué te sugieren? Discute con el grupo y apunta en el mapa semántico las palabras clave referentes a los temas planteados. Para ayudarte en esa tarea, debes consultar el diccionario.

2. Ahora lee en la imagen abajo los objetivos para el próximo milenio presentados por la Organización de las Naciones Unidas (ONU). ¿Cuál de ellos tiene que ver con el tema de esta unidad?

Objetivos de desarrollo del Milenio/ONU

3. ¿Vamos a pensar juntos? ¿De qué maneras podemos contribuir para que ese objetivo se cumpla? Apunta en el cuaderno tres actitudes ecológicamente responsables.

Transversalidad
Aquí el tema transversal es la cuestión de la preservación ambiental.

cincuenta y uno 51

Género textual
- Noticia

Objetivo de lectura
- Elegir el título adecuado a las noticias.

Tema
- Ecobús y medio ambiente

Generacion 3R

Véase también el **objeto educacional digital** "¡A cuidar el medio ambiente!".

■ Lectura

Almacén de ideas

1. ¿Conoces la regla de las tres erres? Se trata de tres acciones básicas que contribuyen mucho a la protección del medio ambiente: **reducir**, **reutilizar** y **reciclar**. Esa es una propuesta de la organización ecologista Greenpeace. Relaciona esas palabras con los párrafos siguientes.

   (a) Reducir   (b) Reutilizar   (c) Reciclar

   (   ) Es la transformación de objetos de varios materiales en materias primas que la industria puede utilizar nuevamente sin necesidad de extraerlas de la naturaleza otra vez.

   (   ) Tiene que ver con el consumo consciente: cuantos más objetos se vuelven a utilizar menos basura se genera y menos materias primas se gastan para fabricar nuevos objetos.

   (   ) Implica disminuir el consumo de bienes no necesarios, no desperdiciar energía eléctrica en el hogar y otros lugares y ahorrar el agua.

2. Para reciclar es imprescindible hacer la recolección selectiva de basura. Enseguida aparece la imagen de cuatro basureros. ¿Sabías que cada color corresponde a un tipo de material?

   a) Bajo cada contenedor, escribe su color.

   b) Dentro de cada contenedor, escribe los materiales que se deben tirar en cada uno. **¡Ojo!** Vas a investigar la realidad brasileña para saber dónde tirar tu basura.

   _____   _____   _____   _____

3. Vas a leer dos noticias que tratan de un medio de transporte diferente: el ecobús. ¿Qué crees que tiene ese autobús?

52   cincuenta y dos

Red (con)textual

Ahora, vas a leer dos noticias que se sacaron de periódicos españoles. Sus títulos son:

> ¡Sí, sí, sí, vuelve el ecobús!

> Un ecobús invita a reciclar la basura

Tras leer las noticias, escribe el nombre de sus títulos en la línea roja.

CAMPAÑA INFORMATIVA SOBRE RESIDUOS URBANOS

El autobús ecológico, de ruta por Andalucía, aparca en La Victoria hasta el jueves. Persigue aportar valores del medio ambiente con paneles, juegos y un vídeo

JULIA GARCIA HIGUERAS 29/4/2003

"¿Piensas?, ¿sientes?, actúa" son las interrogantes y el imperativo a las que conduce la campaña informativa sobre el uso y gestión de los residuos urbanos desplegada en un *ecobús* aparcado en La Victoria.

Este autobús ecológico detuvo ayer en Córdoba la ruta que inició en Sevilla para pasar cuatro días formando a niños y adultos en el valor medioambiental del reciclaje.

La iniciativa, a la vez que informa mediante paneles, juegos y un vídeo, recoge en una encuesta voluntaria los hábitos y conocimientos ciudadanos sobre la cadena del tratamiento de basuras.

Los principales destinatarios de esta campaña son los niños y jóvenes. Todos los centros públicos y privados de la capital han sido invitados a participar. Los que acuden a la llamada encuentran en la planta baja del vehículo esquemas con la clasificación de residuos en el ciclo general de las basuras y un juego en el que hay que decidir en qué contenedor va cada producto. En la planta alta del *ecobús*, pensada para los alumnos de Secundaria y los adultos, se muestran imágenes que explican el ciclo integral de los residuos. Nerea Celestino, ayudante técnico de la campaña, destacó ayer un problema andaluz: la heterogeneidad de los contenedores. A pesar de que existe una legislación específica, en la práctica, cada localidad tiene contenedores con formas y colores distintos, por lo que se crean confusiones.

La imagen corporativa de la campaña incide en que se evite adquirir productos que no puedan reutilizarse o reciclarse; en la búsqueda de alternativas antes de tirar los objetos y la separación (pilas, papel y cartón, materia orgánica e inerte). La Dirección General de Prevención y Calidad Ambiental de la Junta, el Fondo Social Europeo y la Fundación Esculapio hacen posible el *ecobús*, que los visitará en todas las capitales andaluzas.

Sacado de: <www.diariocordoba.com/noticias/noticia.asp?pkid=55738>. Acceso el 9 de diciembre de 2011.

Tejiendo la comprensión

1. ¿Cómo relacionaste los nombres de los títulos con el cuerpo de las noticias? Explica qué marcas en el texto te llevaron a elegir los títulos.
___
___
___
___
___

2. ¿Cuáles son los objetivos de las dos noticias? ¿En qué se asemejan?
___
___
___
___
___

3. En las noticias se informa al lector lo fundamental de un hecho o situación actual. Las noticias se dividen en partes más o menos fijas. Obsérvalas en la página siguiente.

54 cincuenta y cuatro

Antetítulo	Frase que precede al título y amplía la idea central de la noticia o la contextualiza. No siempre aparece en las noticias.
Título	Frase breve, clara y concisa que resume la temática de la noticia. Es lo más visible de una nota periodística. Se trata de un elemento esencial e imprescindible.
Subtítulo o bajada	Es una amplificación del título y consiste en una síntesis de la información, con datos precisos sobre esta. Se presenta siempre debajo del título. Es optativo.
Cuerpo	Parte que contiene el desarrollo de toda la información, o sea, el conjunto de la noticia. A lo largo del texto se encuentran las respuestas a las preguntas clásicas: ¿qué?, ¿quiénes?, ¿por qué?, ¿dónde?, ¿cómo?, ¿cuándo?
***Lead* o entradilla**	Su uso no es obligatorio. En las noticias más grandes, es el primer párrafo y contiene lo esencial de la información, pues allí se contestan las preguntas ¿qué?, ¿quiénes?, ¿por qué?, ¿dónde?, ¿cómo?, ¿cuándo?
Foto	Ilustra y atestigua la veracidad de la noticia. Es optativa.
Epígrafe o pie de foto	Pequeño texto que acompaña a una foto o imagen para aclararla. Suele ser obligatoria si se pone la foto.

Vuelve a las dos noticias, observa su organización y escribe cuáles de estas partes poseen.

Noticia 1: _____

_____

Noticia 2: _____

_____

4. Relee las dos noticias y contesta a las preguntas clásicas para informarte sobre cada una.

	Un ecobús invita a reciclar la basura	¡Sí, sí, sí, vuelve el ecobús!
¿Qué?		
¿Quiénes?		
¿Por qué?		
¿Dónde?		
¿Cómo?		
¿Cuándo?		

Gramática en uso

Numerales cardinales (21 a 29)

La noticia "Un ecobús invita a reciclar la basura" es del día 29 de abril de 2003. ¿Sabes cómo se escribe 29? Observa la formación:

> veinti + nueve = veintinueve

- Escribe el nombre de los siguientes numerales:

21: _____   25: _____

22: _____   26: _____

23: _____   27: _____

24: _____   28: _____

¡Ojo!

El número **20** (veinte) se escribe con la **e** final. Esa letra se cambia para **i** cuando se escriben los numerales del **21** (veintiuno) al **29** (veintinueve).

Presente de indicativo – verbos irregulares

1. En muchas noticias, se suelen usar verbos en presente de indicativo en sus títulos. Observa los siguientes títulos de las noticias leídas e intenta formular hipótesis sobre esa recurrencia.

> ¡Sí, sí, sí, **vuelve** el ecobús!

> Un ecobús **invita** a reciclar la basura

El verbo está en presente:

(   ) pues el acontecimiento todavía no ha ocurrido.

(   ) para acercar al lector al acontecimiento.

(   ) porque el acontecimiento se relaciona con el medio ambiente.

2. En las unidades 1 y 2 has visto algunos verbos en presente de indicativo. En esta unidad estudiaremos algunas irregularidades. Observa el verbo **volver** subrayado en el título de la noticia: "¡Sí, sí, sí, vuelve el ecobús!".

   a) La conjugación de los verbos se señala por las terminaciones en **-ar** (1ª), **-er** (2ª), **-ir** (3ª). Por ejemplo: am**ar**, com**er**, viv**ir**. ¿A qué conjugación pertence el verbo **volver**?

   _____

   b) En la frase ¿qué o quién **vuelve**?, ¿el verbo está en primera, segunda o tercera persona? ¿Es singular o plural?

   _____

   c) Si el sujeto de la frase fuese "Los ecobuses", ¿cómo conjugarías el verbo **volver**?

   _____

d) Observa la siguiente tabla de conjugación del verbo **volver**.

Pronombres	Verbo	Volver
Yo		vuelvo
Tú		vuelves
Vos		volvés
Él / Ella / Usted		vuelve
Nosotros(as)		volvemos
Vosotros(as)		volvéis
Ellos / Ellas / Ustedes		vuelven

Puedes percibir que la irregularidad del verbo volver (cambiar la **o** por el diptongo **ue**) no ocurre en todas las personas. ¿En qué personas no hay esa diptongación?

_____

3. Rellena los espacios con los verbos indicados entre paréntesis. Todos presentan la diptongación **o – ue**. Ojo a quién(es) está(n) practicando la acción.

a) Marco, ¿quieres contarnos cómo ha estado la ponencia sobre el desarrollo sostenible?

Sí, te lo _____ ahorita. (contar)

b) Ecologistas de todo el mundo _____ unirse en contra de la degradación del medio ambiente. (resolver)

c) A las ocho, _____ de la protesta a favor de los animales. (volver, nosotros)

d) Yo sueño con un mundo sin desperdicios. Y tú, ¿con qué _____? (soñar)

e) Ya renové mis hábitos: dejé de usar las bolsas plásticas en los supermercados.

¿Y vosotros, los _____? (renovar)

f) El programa de la tele nos _____ cómo funciona la recolección de la basura en su edificio. (mostrar)

g) ¿_____vos qué nos han dicho los ecologistas de Greenpeace? (recordar)

4. En español, además de la diptongación en **o – ue**, hay verbos irregulares que cambian la vocal **e** por el diptongo **ie**. Observa el ejemplo de los verbos **pensar** y **sentir** en la frase sacada de la primera noticia:

¿Piensas?, ¿sientes?, actúa.

Pronombres	Verbos	Pensar	Sentir
Yo		pienso	siento
Tú		piensas	sientes
Vos		pensás	sentís
Él / Ella / Usted		piensa	siente
Nosotros(as)		pensamos	sentimos
Vosotros(as)		pensáis	sentís
Ellos / Ellas / Ustedes		piensan	sienten

cincuenta y siete 57

Ahora que ya conoces las reglas, vas a completar el cuadro abajo con verbos que hacen la misma diptongación (**e – ie**).

Pronombres \ Verbos	Negar	Entender	Consentir
Yo			
Tú			
Vos	negás	entendés	consentís
Él / Ella / Usted			
Nosotros(as)	negamos	entendemos	consentimos
Vosotros(as)	negáis	entendéis	consentís
Ellos / Ellas / Ustedes			

5. ¿Te acuerdas de las tres erres? Pues ellas formaron parte de un proyecto de la Consejalía de Urbanismo y Medio Ambiente del Ayuntamiento de Alcorcón, en el área metropolitana de Madrid. Pon atención en el titular de la noticia que lleva el nombre de un concurso escolar dirigido a niños como tú:

> "Yo reduzco, yo reutilizo, yo reciclo"
> Sacado de: <http://noticiasdealcorcon.com/2011/03/yo-reduzco-yo-reutilizo-yo-reciclo/>. Acceso el 11 de marzo de 2011.

- El verbo **reducir**, primera persona singular (**yo**) en presente de indicativo, se conjuga de manera diferente. Observa el siguiente cuadro y completa los espacios en blanco:

Pronombres \ Verbos	Reducir	Conducir	Producir	Seducir	Deducir
Yo	redu**zco**				
Tú	reduces	conduces	produces	seduces	deduces
Vos	reducís	conducís	producís	seducís	deducís
Él / Ella / Usted	reduce	conduce	produce	seduce	deduce
Nosotros(as)	reducimos	conducimos	producimos	seducimos	deducimos
Vosotros(as)	reducís	conducís	producís	seducís	deducís
Ellos / Ellas / Ustedes	reducen	conducen	producen	seducen	deducen

Esa misma irregularidad en primera persona de singular (yo) ocurre también con verbos terminados en **-acer, -ecer, -ocer**. Por ejemplo: *yo esclarezco, conozco,* complazco.

¡Ojo!

La conjugación del verbo **hacer** en primera persona (yo) es **hago**:
Hago selección de residuos en mi casa.
¡Las reglas tienen su excepción!

58 cincuenta y ocho

Escritura

Conociendo el género

Lee atentamente la noticia a continuación que se sacó del periódico electrónico *elmundo.es*. ¿Te acuerdas de las partes de una noticia? En esta, hay que marcarlas en el propio texto con los siguientes colores. ¡Ojo!, La noticia está sin su título.

- Antetítulo: violeta.
- Subtítulo: azul.
- Cuerpo: naranja.
- *Lead*: color rosa.
- Foto: amarillo.
- Pie de foto: rojo.

Género textual
- Noticia

Objetivo de escritura
- Redactar el título de una noticia.

Tema
- Extinción de animales

Tipo de producción
- Grupos de tres

Lectores
- Lectores del periódico *elmundo.es*

ESTUDIO PUBLICADO EN LA REVISTA *NATURE*

El oso malayo o el tigre de Sumatra podrían extinguirse. Existen más de 16 000 especies en peligro en el mundo

ACTUALIZADO JUEVES 03/7/2008 14:00 (CET)
AGENCIAS

Madrid – Los modelos utilizados para determinar si una especie está o no amenazada subestiman el riesgo real. Esa es la conclusión a la que han llegado investigadores de la Universidad de Colorado (EEUU), según un estudio publicado en la revista *Nature*.

La Unión Internacional para la Conservación de la Naturaleza (UICN) elabora una **lista roja** anual con las especies que se encuentran en peligro de extinción. Actualmente existen más de 16 000 especies amenazadas.

Pero las investigaciones realizadas dicen que los modelos utilizados en la actualidad para la clasificación de las especies subestiman los peligros para la fauna y la flora. Los investigadores piden una **revaluación urgente de muchas de estas especies en riesgo**.

Los investigadores, dirigidos por Brett Melbourne, de la Universidad de Colorado, y Alan Hastings, de la Universidad de California, han elaborado modelos matemáticos para evaluar las probabilidades de supervivencia de las especies.

"Algunas especies podrían extinguirse **100 veces más pronto de lo esperado**", afirma Melbourne. Estas especies son, por ejemplo, el **tigre de Sumatra** (*Panthera tigris sumatrae*), el **oso malayo** (*Helarctos malayanus*) y el **gorila de llanura occidental** (*Gorilla gorilla*).

Las investigaciones han incluido dos tipos más de riesgos. Por un lado, el riesgo de muerte de los animales en situaciones extrañas, como caídas o accidentes.

Dos cadáveres de tigres de Sumatra confiscados a traficantes de Indonesia.

El segundo factor tiene que ver con las condiciones medioambientales, como la deforestación y las fluctuaciones de temperatura o de precipitaciones, ligadas al cambio climático.

Para Melbourne y Hastings, la ratio machos-hembras así como las variaciones de tasa de fecundidad y mortalidad en el seno de una población deben también ser tenidas en cuenta.

La UICN está de acuerdo en los errores de apreciación de los riesgos. "Subestimamos el número de especies en peligro de extinción, porque existen alrededor de 1,8 millones descritas, y **solo hemos evaluado 41 000 de ellas**", dice Craig Hilton-Taylor, que forma parte del equipo de elaboración de la lista roja de UICN.

Un mamífero de cada cuatro, un ave de cada ocho y un tercio de los anfibios están incluidos por la UICN en la "lista roja" de esta organización.

Sacado de: <www.elmundo.es/elmundo/2008/07/03/ciencia/1215082040.html>. Acceso el 12 de diciembre de 2011.

Planeando las ideas

1. ¿Cuál es la idea central de la noticia?

   (   ) Informar sobre la conclusión a la que han llegado investigadores de una universidad de Estados Unidos sobre la extinción de especies animales.

   (   ) Protestar en contra del problema de la extinción de especies que están en la "lista roja" de UICN.

2. Relee la noticia y contesta a las siguientes preguntas clásicas:

¿Qué?	
¿Quiénes?	
¿Por qué?	
¿Dónde?	
¿Cómo?	
¿Cuándo?	

Taller de escritura

El título de una noticia constituye el elemento principal de una información. Su finalidad es clara: llamar la atención de los lectores y transmitirles lo más atractivo y más relevante de la información. ¡Ahora eres tú el periodista! En grupos de 3, redacta el título más adecuado e interesante para la noticia del periódico *elmundo.es*.

(Re)escritura

- Antes de la reescritura, cada grupo deberá escribir en la pizarra el título que ha formulado.
- Después, todos usarán el diccionario para resolver las dudas de vocabulario. Si hay alguna palabra o expresión escrita de manera inadecuada, ¡a corregirla!
- Finalmente, todos pueden organizar una votación: ¿Qué equipo ha hecho el título más creativo y que mantiene coherencia con el cuerpo de la noticia?

Gramática en uso

Presente de indicativo – verbos irregulares

- Las noticias se caracterizan por hechos actuales y, en su descripción, en algunos casos, se usan verbos en presente de indicativo. Observa dos verbos irregulares en la siguiente frase de la noticia de *elmundo.es*:

> Pero las investigaciones realizadas **dicen** que los modelos utilizados en la actualidad para la clasificación de las especies subestiman los peligros para la fauna y la flora. Los investigadores **piden** una revaluación urgente de muchas de estas especies en riesgo.

a) En la frase, ¿qué o quiénes **dicen** y **piden**? ¿Esos verbos están en primera, segunda o tercera persona? ¿Es singular o plural?

_____

_____

_____

Verbo Pronombres	Decir	Pedir
Yo	digo	pido
Tú	dices	pides
Vos	decís	pedís
Él / Ella / Usted	dice	pide
Nosotros(as)	decimos	pedimos
Vosotros(as)	decís	pedís
Ellos / Ellas / Ustedes	dicen	piden

b) En **dicen** y **piden**, los verbos sufren un cambio: la **e** del infinitivo p**e**dir pasa a **i** en la conjugación de algunas personas gramaticales. En la tabla al lado, observa la conjugación de esos dos verbos y di en qué personas gramaticales ocurre ese cambio.

_____

_____

_____

c) Paco comenta con sus amigos que él y su hermana gemela Lola son diferentes en algunas cosas y parecidos en otras. Conjuga los verbos entre paréntesis. Ojo con la irregularidad (**e – i**):

Lola siempre ve a los documentales ecológicos y hasta los _____ (repetir) varias veces. Yo nunca los veo, tampoco los _____ (repetir). Ella también _____ (seguir) muchas ideas ecologistas en su vida cotidiana, como por ejemplo: jamás se _____ (vestir) con ropas de origen animal y siempre _____ (pedir) comida vegetariana. Sin embargo, Lola y yo tenemos unas cosas en común: _____ (competir) juntos en la carrera anual de nuestra ciudad contra la polución ambiental y siempre _____ (elegir) comprar productos que se pueden reciclar después. Además, nos gusta bastante tener mascotas, nos _____ (divertir) mucho con nuestros dos perros. Es entretenido ser tan parecidos y al mismo tiempo tan diferentes: yo me _____ (reír) y me _____ (divertir) un montón con mi hermanita.

sesenta y uno **61**

Vocabulario en contexto

1. En 1996, la Unión Internacional para la Conservación de la Naturaleza (UICN) publicó una lista de especies amenazadas. Las divide en cinco grupos: Extinto, En peligro crítico, En peligro, Vulnerable y Casi amenazado. Abajo hay cinco fotos de animales. Cuatro en peligro de extinción y uno ya extinto. Intenta descubrir cuál es el animal extinto. Haz un círculo alrededor de él.

koala / oso polar / mamut / gorila / yacaré negro

2. Para evitar la extinción de determinadas especies, mucha gente se moviliza y empieza a trabajar en pro de los animales. En Brasil, existe un proyecto muy famoso, el Proyecto Tamar, que busca la conservación y protección de un animal marino. Su sede se ubica en la **Praia do Forte**, en **Bahia**, estado del noreste brasileño.

   Debajo de la foto, escribe el nombre de este animal marino.

El español alrededor del mundo

Cada animal tiene un nombre que lo identifica. Muchos conservan el mismo nombre en todas partes; otros cambian de región en región.

Hay un curioso insecto de cuerpo semiesférico de alas muy desarrolladas y patas muy cortas, rojo brillante por encima, con varios puntos negros. En España y Venezuela se llama **mariquita**; en Argentina, **bichito de san Antonio**; en Chile, **chinita**; en México, **catarina**; en Uruguay, **sanantonio**. En Brasil, se le dice *joaninha*.

A un ave pequeñita, que mueve sus alas a gran velocidad, de pico largo con el que saca la miel de las flores, se le conoce en muchas partes con el nombre de **colibrí**. Tiene otros muchos nombres: **picaflor**, **chupamirto**, **chuparrosa**, **tucosito**...

62 sesenta y dos

■ Escucha

¿Qué voy a escuchar?

Vas a escuchar un cortometraje de animación producido por Javier Fernández Fañanás, en 2007, en Zaragoza, España. Hay dos personajes, el paciente y el doctor. Observa las imágenes de los dos personajes y contesta: ¿Quién es el paciente? ¿Por qué está enfermo? ¿Qué le ocurre? Haz hipótesis sobre lo que se escuchará.

Género textual
- Cortometraje de animación

Objetivo de escucha
- Comprender el sonido de palabras específicas.

Tema
- Una enfermedad muy peligrosa para todos

Doctor   Paciente

_____

_____

Escuchando la diversidad de voces

5 Ahora vas a escuchar la consulta médica. Escribe las palabras que faltan.

> Paciente: Buenos días, doctor.
>
> Doctor: Buenas, ¿qué le _____?
>
> Paciente: Verá, desde hace un tiempo, sufro de gases nocivos. Mi _____ está desapareciendo, mis desiertos _____ a ocupar demasiada _____, incluso creo que me está subiendo la temperatura.
>
> Doctor: Veamos. La exploración nos dirá cuál es el origen de su malestar. Ajá, está acá. Usted lo que tiene es "humanidad".
>
> Paciente: ¡Oh! ¿Y es grave?
>
> Doctor: Depende de cómo _____. Si el desarrollo actual continúa, podría acabar con usted.
>
> Paciente: ¿Y no existe algún remedio?
>
> Doctor: Sí, se curará si la humanidad en conjunto se comporta de forma inteligente.
>
> Paciente: ¿Pero eso es posible? ¿Tengo alguna _____?
>
> Doctor: No lo sé. ¿La tiene?
>
> Sacado de: <www.youtube.com/watch?v=zlugcpczjhO&feature=related>. Acceso el 22 de diciembre de 2010.

Comprendiendo la voz del otro

1. ¿Cuáles son los síntomas del paciente?
   _____
   _____
   _____

2. ¿Cuál es la enfermedad? ¿Es grave?
   _____
   _____
   _____

3. Según el doctor, ¿existe remedio para la enfermedad? ¿Cuál?
   _____
   _____

4. En la última frase de la consulta médica, el doctor hace una pregunta: "¿La tiene?" ¿A qué palabra se refiere el pronombre **la**?
   (   ) Esperanza.
   (   ) Humanidad.
   (   ) Remedio.
   (   ) Paciente.

5. Ahora observa la escena en que el doctor hace esa pregunta y después contesta: ¿A quién o a quiénes dirige el doctor la pregunta?

   Para contestar, observa a quién le dirigen la mirada doctor y el paciente.

Sacado de: <www.youtube.com/watch?v=zluzcpczjhQ&feature=related>.
Acceso el 10 de octubre de 2011.

64 sesenta y cuatro

Oído perspicaz: el español suena de maneras diferentes

La *z* / La *s* / La *c* + *e, i*

1. 🎧 **6** Escucha las oraciones siguientes:

   Juan y María se van a **casar** en mayo.

   Los nobles ingleses solían **cazar** zorras.

   Nuestras abuelas van a **coser** un mantel.

   El *chef* va a **cocer** un pollo.

Un hispanohablante que viva en cualquier país americano pronuncia de la misma manera **casar** (oración 1) y **cazar** (oración 2), **coser** (oración 3) y **cocer** (oración 4). Ese americano pronuncia **cazar** (la **z**) y **cocer** (la **c** + **e**, **i**) como si estuvieran escritos con **s** (**casar**, **coser**). No sucede el mismo en el español que se habla en el centro y norte de España, donde esas letras (la **z** y la **c** + **e**, **i**) se pronuncian de otra manera, poniendo la lengua entre los dientes (llamada pronunciación interdental).

2. 🎧 **7** Escucha nuevamente los siguientes fragmentos de la sección "Escucha":

   Buenas, ¿qué le su**c**ede?

   Mi vegeta**c**ión está desapare**c**iendo.

   Mis desiertos empie**z**an a ocupar demasiada superfi**c**ie.

   ¿Tengo alguna esperan**z**a?

Si a la pronunciación **interdental** europea de la **z** y de la **c** + **e**, **i** la representamos con el signo /θ/, los anteriores enunciados se escribirían así.

   Buenas, ¿qué le su /θ/ ede?

   Mi vegeta /θ/ ión está desapare /θ/ iendo.

   Mis desiertos empie /θ/ an a ocupar demasiada superfi /θ/ ie.

   ¿Tengo alguna esperan /θ/ a?

Ahora bien, dado que en América la **z** y la **c** + **e**, **i** se pronuncian como **s**, si quisiéramos reflejar en la escritura esta pronunciación, los enunciados quedarían así.
🎧 **8** Escúchalos.

   Buenas, ¿qué le su**s**ede?

   Mi vegeta**s**ión está desapare**s**iendo.

   Mis desiertos empie**s**an a ocupar demasiada superfi**s**ie.

   ¿Tengo alguna esperan**s**a?

Por un acuerdo aceptado por todos los hispanohablantes, en la escritura se conservan la ce y la zeta en las palabras en las que los europeos pronuncian la interdental.

sesenta y cinco **65**

Género textual
- Dramatización

Objetivo de habla
- Representar la escena del cortometraje *La Tierra está enferma*.

Tema
- La enfermedad del planeta Tierra

Tipo de producción
- Grupos de cinco

Oyentes
- Alumnos de la escuela

Habla

Lluvia de ideas

Nuestro objetivo es, en grupos de cinco, hacer la dramatización de la escena de la sección "Escucha".

1. Hay que distribuir los roles que cada uno cumplirá. Después es necesario definir el/la director(a), el/la escenógrafo(a) y el/la encargado(a) de vestuario:

   - Doctor(a): _____
   - Paciente: _____
   - Director(a): _____
   - Escenógrafo(a): _____
   - Encargado(a) de vestuario: _____

2. Hay que ensayar:

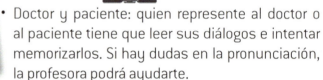

- Doctor y paciente: quien represente al doctor o al paciente tiene que leer sus diálogos e intentar memorizarlos. Si hay dudas en la pronunciación, la profesora podrá ayudarte.
- Director: el alumno que será el director auxiliará a los actores en la dramatización: ¿dónde se parará cada uno?, ¿cuáles serán los gestos?, ¿cuáles serán sus acciones?
- Escenógrafo: el alumno encargado deberá buscar objetos que sean característicos de un consultorio médico y montar el escenario.
- Encargado de vestuario: el alumno deberá pensar en la ropa que cada uno de los personajes usará en la dramatización.

3. Hay que preparar el orden de las presentaciones y marcar la fecha y el local de la dramatización en la escuela.

Rueda viva: comunicándose

Por fin, ¡a correr el telón del teatro! ¡Desconecta los móviles, que la pieza va a empezar!

¡A concluir!

¿Qué presentación te gustó más? Explícale al grupo qué elementos del escenario y del figurín fueron más creativos y coherentes con relación al texto.

CULTURAS EN DIÁLOGO

nuestra cercanía

¿Te gusta leer tiras cómicas? ¡Seguro que sí! Cuando las leemos, entramos en el mundo de los dibujos y nos aventuramos con los personajes, ¿no es así? Vas a conocer un personaje argentino muy famoso en varios países de Latinoamérica. Su nombre es Gaturro, un gato amarillo que tiene tres bigotes en cada cachete. Gaturro está muy preocupado por el medio ambiente y reflexiona sobre los problemas ecológicos.

> **El español alrededor del mundo**
>
> Al **chupete**, en México y Venezuela, se le llama **chupón**.

Lee la siguiente historia de Gaturro y Gaturrín (el personaje con chupete). Luego contesta las cuestiones que siguen.

1. ¿Qué amenazas al medio ambiente se representan en los cinco primeros recuadros? ¿Cuál es la causa o la consecuencia de lo que se ve en las imágenes?

   • _____   • _____
   • _____   • _____
   • _____

2. ¿Cómo es la expresión en las caras de Gaturro y Gaturrín? ¿Por qué?
   _____
   _____

3. En el quinto recuadro hay el uso de dos onomatopeyas: "pi... piiiii" y "pa-paaa!!!". ¿Qué significan esas expresiones?
   _____

A quien no lo sepa

¿Sabías que Gaturro tomó cuerpo en 1993 por las manos de Nik, un humorista gráfico de Buenos Aires, capital de Argentina? En ese país hay una cultura muy fuerte de lectura de cómics para todas las edades. En la mayoría de las calles porteñas hay quioscos y en todos se encuentran innúmeras revistas de Gaturro y otros personajes de historietas.

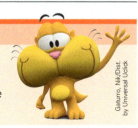

sesenta y siete **67**

CULTURAS EN DIÁLOGO

4. Al final, Gaturrín le llama a Gatu**rr**o de Gatu**d**o y, en vez de decir "Po**r** qué", dice "Po**d** qué". ¿Por qué Gaturrín cambia las letras?
   _____

5. La bolsa plástica es uno de los elementos más contaminadores de la naturaleza. Sabiendo eso, interpreta la respuesta de Gaturro a Gaturrín.
   _____
   _____
   _____

6. Así como Gaturro, que se preocupa por el destino de las bolsas plásticas, hay en una ciudad brasileña, Belo Horizonte – Minas Gerais, una ley (9 529/08) que defiende la no utilización de esos materiales que contaminan el medio ambiente. En tu ciudad, ¿los supermercados distribuyen bolsas retornables? ¿Sabes cuáles son los impactos del plástico tirado a la naturaleza? Investiga y discute con los compañeros formas de actuar junto a tu comunidad para concienciar a las personas de ese problema ambiental.

¿LO SÉ TODO? (AUTOEVALUACIÓN)

Lectura	¿Cuál es la función de una noticia?	¿Cuáles son las partes de una noticia?	¿Qué noticias he leído sobre la temática del medio ambiente?
Escritura	¿Sé titular una noticia?	¿Qué necesito hacer para escribir el título de una noticia sobre los problemas en la naturaleza?	Tras escribir, ¿consulto en el diccionario las palabras de cuyo significado tengo dudas?
Escucha	¿Quiénes son el doctor y el paciente en el audio?	¿Cómo se pronuncian la **s**, la **z** y la **c** + **e**, **i** en algunas variedades del español?	¿Cómo debe actuar la humanidad para dejar de enfermar a la Tierra?
Habla	¿Dramatizo bien una escena?	¿Cuáles son los elementos de una dramatización?	¿Me gusta actuar?
Gramática	¿Sé conjugar el verbo **soltar** en presente de indicativo?	¿Sé conjugar el verbo **pedir** en presente de indicativo?	¿Sé conjugar el verbo **empezar** en presente de indicativo?
Vocabulario	¿Qué animales están en peligro de extinción?	¿Sé decir los nombres de qué animales en español?	¿Como se dice **chupete** en México y Venezuela?
Cultura	¿Quién es Gaturro?	¿Quién lo creó?	¿De dónde es el creador de Gaturro?
Reflexión	¿Sé identificar qué tiro en los contendedores de diversos colores?	¿Desperdicio agua, energía eléctrica y alimentos?	¿Soy una enfermedad o una cura para el planeta Tierra?

GLOSARIO VISUAL

Palabras en contexto

¿Qué palabras del campo semántico de la recolección de basura ya conoces en español? Mira las figuras.

El azul es un importante bote de basura, ¿sabes por qué? Porque sirve para recibir los papeles tirados que se reciclarán para producir nuevos papeles en blanco. En tu aula es bueno tener uno, ¿verdad?

El iglú verde recibe todos los vidrios. No lo olvides cuando estés con una botella de gaseosa o un envase de mayonesa. Los recogerá con mucho gusto.

El basurero amarillo también es importante. Recibe metales, normalmente latas de hierro y de aluminio. En Brasil hay muchas personas que viven de la recolección de estos materiales.

El basurero rojo recoge plásticos de todo tipo de envase. Es muy necesario. Principalmente a causa de las bolsas y los paquetes de bizcochos.

Palabras en imágenes

enfermo

pila

bolsa

envase

zorra

4 Autoestima en test: ¡a gustarse y a cuidarse!

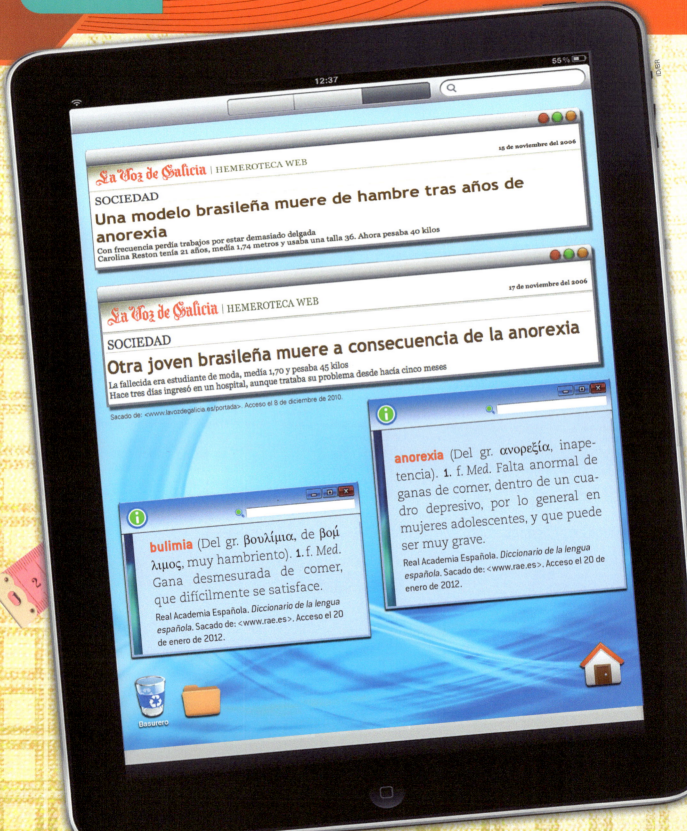

En esta unidad...

... conoceremos un poco más sobre nosotros mismos, la relación que tenemos con nuestro cuerpo, e investigaremos cómo está nuestra autoestima. Aprenderemos la importancia de cuidarse y quererse para evitar problemas de salud o en la socialización. Al final podremos contestar a las preguntas: ¿Me gusto y me cuido? ¿Me llevo bien con los demás?

¡Para empezar!

1. Lee las definiciones de las palabras **bulimia** y **anorexia**, y enseguida discute con tus compañeros las preguntas que se te presentan.

   a) Fíjate en el origen griego de las palabras **bulimia** y **anorexia**, que aparece entre paréntesis. ¿Qué significan **hambriento** e **inapetencia**?

   b) Antes de las dos definiciones, se puso la abreviatura *Med*. Por el significado de los vocablos **bulimia** y **anorexia**, ¿qué palabra crees que abrevia *Med*.? En la definición, ¿por qué crees que se especifica ese campo del conocimiento?

2. Ahora lee el título y las bajadas de dos noticias en el diario *La Voz de Galicia*.

   a) ¿Cuál es la causa de la muerte de las mujeres?

   b) ¿A ti te parece que solo las profesionales de la moda sufren con esas enfermedades? ¿Por qué?

   c) ¿Crees que el ideal de belleza pregonado por el mundo de la moda es siempre un modelo a ser seguido?

> **Transversalidad**
> Aquí el tema transversal es la cuestión de los problemas de autoestima que acometen a los adolescentes, provocando a veces problemas de salud y de convivencia en la familia y en la escuela.

setenta y uno 71

Género textual
• Test

Objetivo de lectura
• Testar la autoestima y saber si uno se gusta o no.

Tema
• Autoestima

Lectura

Almacén de ideas

Contesta oralmente:

1. ¿Qué piensas sobre la vanidad?
2. ¿Qué papel cumplen los medios de comunicación en el establecimiento del "ideal de belleza"? ¿Cómo reacciona la sociedad frente a eso?
3. En muchas revistas de belleza y salud, se encuentran test para verificar cómo está tu cuerpo, tu salud, tu mente, entre otras temáticas. ¿Sueles hacer test de revistas? ¿Crees que son eficaces?
4. Si fueras a hacer un test sobre tu autoestima, ¿cuál de los siguientes resultados esperarías encontrar?
   ( ) Vivo a gusto conmigo mismo.
   ( ) Un día me gusto; el otro, no.
   ( ) Me hago críticas todo el tiempo.
   ( ) Me creo muy importante y mejor que los demás.

Red (con)textual

Ahora vas a hacer un test autodiagnóstico de autoestima sacado de la revista *Todos Amigos*, año X, n. 7, abril de 1997. Es importante saber que los resultados son preliminares y para un diagnóstico es preciso consultar a un profesional. Al leer, no te olvides de mirar el diccionario de términos que aparece al lado del test.

72   setenta y dos

TEST

¿Te gustas?

¿Qué relación mantienes contigo mismo y con los demás? Para descubrirlo, responde a las preguntas de este test.

1 Cuando me miro en el espejo exclamo: ¡Qué buena planta!
- ♥ solo cuando me arreglo para una cita
- ☺ muy a menudo
- ★ casi nunca

2 Si dejo a un lado mi aspecto físico
- ♥ mi mejor cualidad es mi facilidad para relacionarme con los demás
- ☺ sigo siendo una persona interesante y amable
- ★ pierdo toda mi seguridad

3 Me siento mal cuando
- ♥ me encuentro solo, sin compañía
- ☺ tengo que volver a empezar una cosa
- ★ agoto todas mis energías

4 Me siento bien cuando
- ♥ me encuentro solo, sin compañía
- ☺ tengo que volver a empezar una cosa
- ★ agoto todas mis energías

5 Soy capaz de
- ♥ ponerle buena cara a la mala suerte
- ☺ entablar nuevas amistades
- ★ querer a la mayoría de las personas

6 Cuando me dicen: ¡Muy bien hecho!
- ♥ soy feliz de ser quien soy
- ☺ me siento más fuerte
- ★ no me lo puedo creer pero me siento reconfortado

7 Cuando mi pareja me dice que le gusto
- ♥ me siento a gusto
- ☺ me sorprende
- ★ pienso que podría ser una mentira

8 Sé que es importante aceptarse
- ♥ y yo siempre me he aceptado
- ☺ pero hay cosas en mí que no me gustan
- ★ pero algo dentro de mí me lo impide

9 A veces me entran ganas de
- ♥ burlarme de mis miedos
- ☺ taparme con una manta para consolarme
- ★ darme bofetadas

10 Dedico gran parte de mi tiempo
- ♥ a pensar en cómo conquistar el afecto de los demás
- ☺ a acicalarme
- ★ a lamentarme

Diccionario

Acicalar: pulir, adornar, aderezar a una persona, poniéndole afeites, peinádola, etc. Se usa más como verbo pronominal (acicalarse).

Bofetadas: plural de bofetada. Golpe que se da en el carrillo con la mano abierta.

Buena planta: buena presencia, aspecto agradable.

Emanar: emitir, desprenderse de sí.

Encanto: persona o cosa que suspende o embelesa.

Entablar: dar comienzo a una conversación, batalla, amistad, etc.

Me arreglo: 1ª persona del singular del presente de indicativo del verbo **arreglarse**. Acicalarse, engalanarse.

Pedestal: fundamento en que se asegura o afirma una cosa, o el que sirve de medio para alcanzarla.

Al menos 7 ♥
Vives a gusto contigo mismo, con lo que te rodea y te relacionas con los demás con facilidad y simpatía. Si hay algo en tu carácter o en tu aspecto físico que no te gusta, sabes aceptarlo y cómo valorizar tus aspectos positivos. Quizás no seas una persona muy atractiva pero tu encanto radica saber emanar serenidad y equilibrio.

Al menos 7 ☺
Si eres ese tipo de persona que se cree muy importante, no estaría mal que bajaras del pedestal. Cuanto más alta es la subida, más dura es la caída. Haces bien en confiar en tu seguridad, seguramente más de una vez te ha llevado a una posición predominante y de prestigio. Lo que pasa es que corres el riesgo de perder de vista las cosas importantes de la vida por dedicar demasiado tiempo a la forma.

Al menos 7 ★
No tienes que pasarte la vida criticándote, sobre todo cuando la crítica deja de ser constructiva. Corres el riesgo de no ver lo bueno y las posibilidades que hay en ti. Ya lo dijo el poeta: "En este mundo traidor, nada es verdad ni es mentira, todo es según el color del cristal con que se mira". ¿Qué te parecería ser un poco más positivo?

Ninguna de tus respuestas alcanza los 7 símbolos
Estás creciendo y, como es natural, un día te gustas y al día siguiente no. Sabes reconocer tus defectos sin perder de vista tus virtudes. Lo que importa es saber que estar bien consigo mismo y con los demás depende mucho de cómo queremos afrontar la vida.

Sacado de: Revista *Todos Amigos*, año X, n. 7, abril de 1997.

Tejiendo la comprensión

1. ¿Cuál es el resultado de tu test?
   _____

2. ¿Estás de acuerdo con tu resultado del test? ¿Crees en los resultados de ese tipo de test? ¿Por qué?
   _____
   _____

3. ¿Cuál es el ave de la foto? ¿Qué relación hay entre ella y el tema del test?
   _____
   _____

4. En ese test, ¿cuál es la función de los íconos ♥, ★, ☺?
   _____

5. El título del test es "¿Te gustas?".
   a) ¿Qué signo de puntuación está presente en el título?
      ( ) Paréntesis.   ( ) Exclamación.   ( ) Interrogación.
   b) ¿Sabías que ese signo es recurrente en los títulos de test? Explica por qué.
      _____
      _____
   c) Basándote en el contenido del test, formula otro título.
      _____
      _____

> **¡Ojo!**
>
> En el habla se manifiestan las preguntas con las entonaciones adecuadas. En la escritura, para representarlas, se usa un par de signos, uno de apertura (¿) y otro de cierre (?).

Gramática en uso

¿Cómo expresamos nuestros gustos, intereses y sentimientos positivos en español?

A lo largo del día a día, nos encontramos con personas, situaciones y objetos que nos producen sentimientos de diversos tipos y solemos valorarlos. Para eso utilizamos expresiones valorativas, con distintos verbos. A aprender el verbo **gustar**. Existen dos formas diferentes de concordancia de ese verbo.

Primera forma

La pregunta que se hace en el test que acabas de leer es "¿Te gustas?". Se puede contestarla de varias formas, como por ejemplo: Sí, **me gusto** un montón.

Ahora, fíjate en otros enunciados:

> (A mí) me gustáis mucho vosotras.
> ¿(A ti) te gusto yo?
> A esos compañeros de trabajo no les gustamos (nosotros).
> Me gustas tú.

 Véase también el **objeto educacional digital** "Te gustan el perro y el gato?".

En todos esos ejemplos, la concordancia se hace entre el verbo **gustar** y los pronombres (**vosotras**, **yo**, **nosotros** y **tú**).

74　setenta y cuatro

Segunda forma

Generalmente, el verbo **gustar** presenta una estructura muy diferente del verbo *gostar* del portugués. Su estructura es similar a la del verbo ***agradar*** del portugués. Ejemplos:

> *Eu gosto de moda. / Me agrada a moda.* ➡ Me gusta la moda.
>
> *Eu gosto de saias. / Me agradam as saias.* ➡ Me gustan las faldas.

Al verbo **gustar** siempre le precede un **pronombre complemento**, como **me**, **te**, **le**, **nos**, **os**, **les**, y le puede seguir un sustantivo en singular o en plural, con el que ha de concordar.

1. Reflexiona sobre la construcción de oraciones con el verbo **gustar** y relaciona las dos columnas abajo:

   (a) Me gusta el maquillaje.   (   ) Algunas cosas son objeto de agrado para ti.

   (b) Te gustan los videojuegos.   (   ) Algunas cosas son objeto de agrado para él.

   (c) Le gustan las revistas *teen*.   (   ) Algunas cosas son objeto de agrado para vosotros.

   (d) Nos gusta la vida.   (   ) Alguna cosa es objeto de agrado para mí.

   (e) Os gustan sus ojos azules.   (   ) Alguna cosa es objeto de agrado para nosotros.

   (f) Les gusta mi sonrisa.   (   ) Alguna cosa es objeto de agrado para ellos.

Al verbo **gustar** también le puede seguir un verbo en infinitivo:

> Sé que te gusta **tener** siempre limpia tu habitación.

En español hay otros verbos que tienen una estructura semejante a la de **gustar**: interesar, apetecer, encantar, etc. Estos verbos, al igual que el verbo **gustar**, siempre se usan junto a un pronombre complemento.

Pronombres complemento

me	yo
te	tú/vos
le	él/ella/usted
nos	nosotros
os	vosotros
les	ellos/ellas/ustedes

Y para **contrastar gustos**, utilizamos los **pronombres tónicos** con la preposición **a**:

A mí	A nosotros /a nosotras
A ti/a vos	A vosotros/a vosotras
A él /a ella /a usted	A ellos/a ellas /a ustedes

setenta y cinco **75**

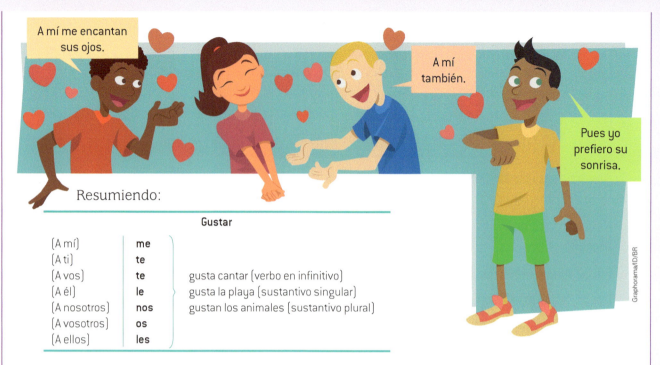

Resumiendo:

Gustar

(A mí)	me	
(A ti)	te	
(A vos)	te	gusta cantar (verbo en infinitivo)
(A él)	le	gusta la playa (sustantivo singular)
(A nosotros)	nos	gustan los animales (sustantivo plural)
(A vosotros)	os	
(A ellos)	les	

¿Y cómo expresamos **disgustos** y **sentimientos negativos**?

Lo contrario de **gustar** es **no gustar** o **disgustar**, y se conjugan de la misma forma:

Me disgustan los ruidos.   No nos gusta la falta de educación.   Les disgusta la futilidad.

Para expresar que algo no nos gusta, podemos utilizar otros verbos que también se conjugan como el verbo **gustar**: doler, fastidiar, molestar, etc.

2. Cuenta sobre tus gustos y preferencias respecto a tu cuerpo usando los verbos **gustar**, **encantar**, **molestar**, etc. completando el recuadro en la página siguiente según las caritas (ellas te van a mostrar la gradación de los sentimientos y si son buenos o malos).

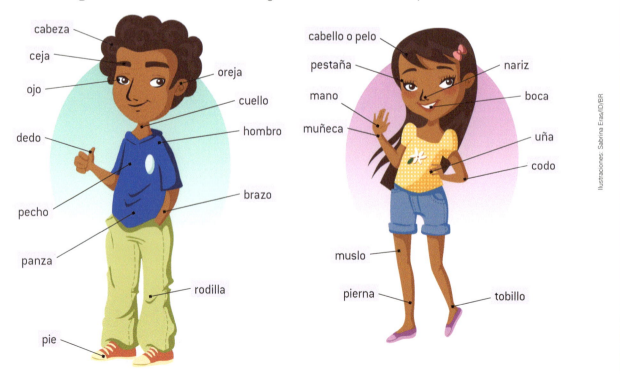

76   setenta y seis

Ejemplo:

 😄	 😊	 😖
A mí me encantan mis ojos.	A mí me gusta mi cuerpo.	A mí me desespera mi pelo.

3. Ahora, comenta tus gustos o disgustos sobre los siguientes aspectos:

Los deportes   Las películas brasileñas   Los vecinos   El chocolate

Saber la verdad   Las computadoras   Estar enfermo   Llegar tarde a una cita

Los animales   Ir al dentista   La música   Tener que esperar

Adoro...	
Me gusta(n)...	
Me encanta(n)...	
Odio...	
Es/Son detestable(s)...	
Me fastidia(n)...	

⚙ El español alrededor del mundo

El vocabulario relativo al cuerpo humano es riquísimo. Son tantas las partes de nuestro cuerpo, tan complejos sus sistemas, (el óseo, el muscular, el nervioso...), que se requieren cientos de palabras para designarlas. La mayor parte de estos vocábulos los comparten los hispanohablantes de todo el mundo (cabeza, pierna, mano, pie, rodilla, etc.). No faltan empero conceptos relativos a partes de nuestro cuerpo que se expresan de diversa forma en diversas regiones o países. Por ejemplo: a cada una de las dos prominencias que hay en el rostro, debajo de los ojos, se les llama en España **mejillas**; en América suelen llamarse **cachetes**. La prominencia que tienen los varones adultos en la parte anterior del cuello se conoce con el nombre de **nuez** en España y se llama **manzana** (de Adán) en muchas regiones americanas.

mejillas o cachetes

nuez ou manzana

Sabrina Eras/ID/BR

setenta y siete   77

Género textual
- Test

Objetivo de escritura
Crear un test.

Tema
- Cuerpo, salud física y autoimagen

Tipo de producción
- Colaborativa

Lectores
- Los alumnos elegirán entre tres públicos: niños de la misma edad, profesores de la escuela o la familia.

■ Escritura

Conociendo el género

¡Vamos a crear un test colaborativo! Podemos hacerlo en una libreta que se puede pasar de mano en mano para que todos se apliquen el test o utilizar una página web de creación, como por ejemplo <www.daypo.com/crear.asp> (acceso el 20 de enero de 2012), en la que se puede publicar el test, que quedará disponible en línea para que tus compañeros lo hagan.

Vuelve a la sección "Lectura" y observa las partes que componen el test "¿Te gustas?": ¿cuáles son las características principales de ese género textual? Apunta tus consideraciones en tu cuaderno.

Planeando las ideas

¡Haz el proyecto del test!

- Todo el grupo elige un tema único que se relacione al campo semántico del cuerpo, de la salud física o de la autoimagen. Ejemplos: actividad física, amor, acoso escolar, autoestima, apariencia y esencia, etc.

- Piensa a qué público se va a destinar el test. Marca una entre las tres opciones.
   - (   ) Chicas y chicos de 10 a 12 años.
   - (   ) Profesores de la escuela.
   - (   ) Familia (padre, madre, hermanos, abuelos, primos…)

- Busca más información sobre el tema que el grupo ha elegido para el test. Aquí van algunas sugerencias de sitios de varios países hispanohablantes para chicas y chicos:

  > Cuba: <www.pionero.cu>,
  > Colombia: <www.revistadini.com>,
  > Argentina: <www.chicos.net.ar>,
  > Ecuador: <www.cometa.com.ec>,
  > México: <www.cienpies.org>,
  > El Salvador: <www.guanaquin.com/intro.shtml>.
  > Accesos el 20 de enero de 2012.

- Haz un listado de los puntos más importantes e imprescindibles para incluir en el test.

- Si, por ejemplo, el tema es actividad física, podemos buscar informaciones en un sitio tal como <www.actividadfisica.net> (acceso el 20 de enero de 2012) y constatar que el test debe tener, entre otras cosas:
  › la frecuencia semanal de la actividad física;
  › el hecho de que nunca es tarde para decidirse a tener un cuerpo sano y agregar actividad física a la vida;
  › que el exceso de actividad física o su falta (el sedentarismo) así como su práctica sin orientación profesional son peligrosos.

A quien no lo sepa

¿Sabías que en el inicio solamente las compañías comerciales (.com), el gobierno (.gov), los militares (.mil) y las universidades (.edu) tenían dominios en internet? Actualmente hay una variedad más grande y a cada país se atribuyó un dominio. En Brasil (.br), en España (.es), en Argentina (.ar), en Chile (.cl), en Cuba (.cu)…

Taller de escritura

Ahora, sigue el paso a paso de la creación de un test. Vamos a seguirlo juntos. Los dos primeros pasos los haremos entre todos. Para hacer el tercero vamos a dividir a la clase en parejas que van a ser las responsables de elaborar cada pregunta y las opciones de respuesta. Después, elaboraremos todos juntos el cuarto y el quinto paso.

Primer paso: formula una pregunta a partir del tema elegido: ¿Qué quieres saber con ese test? Ejemplo: En caso de que el tema sea "actividad física", una posible pregunta puede ser "¿Eres un aficionado a la gimnasia?"

Para formular preguntas, puedes necesitar usar las siguientes formas interrogativas. Observa que todas van acentuadas.

¿Qué?	¿Quién(es)?
¿Cuánto(s)?	¿Cuánta(s)?
¿Cuándo?	¿Cuál(es)?
¿Cómo?	¿Por qué?
¿Dónde?	¿Adónde?

Segundo paso: haz la presentación del test. En ella se debe hacer una descripción sucinta del tema y explicar lo que el test va a decir sobre la persona que lo hará. Ejemplo: *En ese test vas a descubrir si tu frecuencia semanal de actividades físicas es suficiente, insuficiente o demasiada.*

Tercer paso: elabora diez preguntas o enunciados con tres opciones de respuesta (se pueden colocar las opciones con letras o símbolos).

Ejemplo:

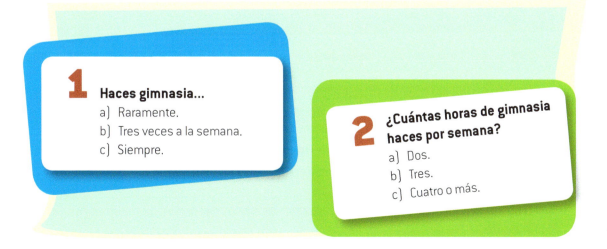

Si en tus respuestas necesitas más adverbios de frecuencia (esas palabras que indican cuántas veces ocurre algo), el cuadro de abajo te ayudará:

nunca	casi nunca	raramente
algunas veces	a veces	a menudo / frecuentemente
una vez al día	dos veces a la semana	tres veces al mes
cuatro veces al año	casi siempre	siempre

Cuarto paso: cuantifica las cantidades mínimas de letras para cada resultado (recordando que se trata aquí de valorar si se hace suficiente, insuficiente y demasiada gimnasia). Ejemplo:

Quinto paso: crea los mensajes para los resultados. Generalmente, son incentivos, descripciones, diagnósticos y consejos. Ejemplo:

(Re)escritura

Ahora, habrá que conferir oralmente y reescribir el test que se elaboró:
- ¿Hay preguntas y opciones repetidas en el grupo? Si las hay, reformúlas ...
- ¿Los resultados atienden bien al objetivo de la pregunta?
- ¿El test correspode a su público meta?
- ¿Se cometió algún error ortográfico o gramatical en la escritura? En caso afirmativo, hay que corregirlo...

Tras estas correcciones y conferencias, ¡a aplicar el test! Aplícaselo al público que has elegido.

Escucha

¿Qué voy a escuchar?

Género textual
- *Radioclip*

Objetivo de escucha
- Identificar intenciones en el habla.

Tema
- Las apariencias, el cuerpo, estética y salud

Vas a escuchar un audio titulado "¿Sirena o ballena?". Pero antes contesta oralmente.

1. Teniendo en cuenta el tema de esta unidad, ¿qué esperas escuchar en ese audio?
2. ¿Qué semejanzas y diferencias hay entre las sirenas y las ballenas?
3. Lee el siguiente fragmento de una historieta de *Mónica y su pandilla*. Reflexiona: ¿qué relación hay entre el cómic y el título del audio?

Sacado de: <http://www.monica.com.br/comics/sereia/pag10.htm>. Acceso el 2 de marzo de 2012.

4. Cebollita siempre hace bromas sobre la apariencia de Mónica, llamándola dentón (o dientuda), bajita y gordita. ¿Cómo reacciona Mónica frente a eso? ¿A ella le gusta? Y tú, ¿sufriste alguna vez con apodos o bromas? ¿Qué hiciste? ¿Estás de acuerdo con lo que Mónica le hizo a Cebollita?

Sacado de: <http://www.monica.com.br/espanhol/institut/mat-saud/pag12.htm>. Acceso el 14 de diciembre de 2011.

5. La respuesta de Mónica a la pregunta de sus padres es "¡Él me llamó gordita y dientuda!"
   a) ¿Qué signo de puntuación está presente en su habla?
      ( ) Coma.   ( ) Punto final.
      ( ) Exclamación.   ( ) Interrogación.
   b) Ese signo de puntuación refleja algún tipo de emoción. ¿Qué emoción sintió Mónica?
      ( ) Alegría.   ( ) Indignación.
      ( ) Pena.   ( ) Ira.
   c) ¿Por qué crees que la señal de exclamación también va al inicio de la frase?

A quien no lo sepa

En *Mónica y su pandilla* cada uno tiene una característica propia que no necesariamente es un defecto sino algo que marca el personaje como único. Mónica es gordita y dientuda, Cebollita cambia las erres por las eles, Cascarón es miedoso y suciecillo, Magali es glotona y flaquita.

Escuchando la diversidad de voces

🎧 9 Escucha este *audioclip* sacado del sitio <www.radialistas.net> (acceso el 19 de enero de 2012) y observa que se compone de varios turnos de habla. Tu objetivo es rellenar los espacios con el signo de puntuación adecuado: interrogación o exclamación. Pon atención en las intenciones del hablante.

¿Sirena o ballena?

Mujer 1: ___ Ah ___ Mira lo que dice ese afiche... mira...

Mujer 2: Deja ver... deja ver... ___ sirena o ballena ___

Mujer 1: ___ sirena o ballena ___ ___ Ay, ay, Dios mío, no ___

Mujer 2: Ay no. ___ Cálmate ___ ___ Cálmate, amiga, tú no estás gorda ___

Mujer 1: ¿Ah? ¿No así no?... ___ Y qué son estos rollos ___

Mujer 2: Ay, bueno... Bueno...

Mujer 1: ___ Qué hago yo ___ ... ___ Estoy hecha una ballena ___

Mujer 2: ___ No ___

Locutor: El afiche apareció en las calles de São Paulo. Era de una de las cadenas de gimnasios más famosas de Brasil. En el afiche, aparecía la foto de una chica escultural y la siguiente frase:

Chica Sensual: Este verano, ___ qué quieres ser ___, ___ sirena o ballena ___

Locutor: Una mujer de São Paulo que vio el afiche le envió este correo a los directivos de la empresa.

Mujer 3: Estimados señores:

Las ballenas siempre han estado rodeadas de amigos. Se embarazan y tienen ballenitas de lo más tiernas. Son amigas de los delfines y se la pasan, ¡ah!, comiendo camarones. También se la pasan jugando en el agua y nadando por ahí, surcando los mares, conociendo lugares maravillosos, como los hielos de la Antártida y los arrecifes de coral de la Polinesia. Las ballenas cantan muy bien y hasta tienen CD grabados. ___ Jajajaja ___ Las ballenas son lindas y amadas por todos. Ay, mis queridos amigos de los gimnasios. ___ Y las sirenas ___ ¡Ah! Las sirenas, las sirenas no existen. Además, si existieran, vivirían en una permanente crisis existencial:

Sirena: ___ Soy un pez o un ser humano ___ ___ Soy medio pez y medio ser humano ___ ___ Qué soy ___, ___ quién soy ___, ___ cómo soy ___

Mujer 3: Las sirenas son bonitas, sí, pero mírenles las caras... tristes, duras, siempre solitarias... Ay, estimados señores: yo prefiero ser ballena. Y si alguna duda me quedaba, con el ridículo afiche de ustedes... ¡ah!..., ya quedó descartada.

Periodista 1: Brasil. Una afamada modelo muere por anorexia. Nacida en São Paulo, tenía 21 años, medía 1 metro 74, y apenas pesaba 40 kilos.

Periodista 2: Otra brasileña muere a causa de la anorexia. Ya van cinco jóvenes en 2 meses. Medía 1,70 metros y solamente pesaba 38 kilos...

Mujer 3: Psst, pst...

Mujer 1: ___ Es conmigo ___

Mujer 3: Sí, contigo. No te dejes engañar por los cantos de sirena de los comerciantes. No creas en esos anuncios que te llenan la cabeza y te repiten que solo las flacas son bellas.

Hombre: Yo prefiero a las gorditas...

Mujer 1: ___ De veras ___

Adaptado de: <www.radialistas.net/clip.php?id=1200148>. Acceso el 12 de enero de 2011.

Vocabulario de apoyo

En el audio aparece varias veces la palabra **afiche**, que significa "lámina de papel que se exhibe". Se puede decir **cartel** (del provenzal *cartel*) o **póster** (del inglés *poster*).

La palabra **rollo** también aparece en el audio y es empleada en el sentido de "pliegue de gordura en alguna parte del cuerpo".

Comprendiendo la voz del otro

1. ¿Qué crítica hace la mujer 3 a la propaganda del gimnasio?

2. Con base en los argumentos de la mujer 3, ¿qué prefieres ser?, ¿sirena o ballena? ¿Por qué?

3. ¿Cómo es la voz de la sirena? ¿Alegre o triste? ¿Qué elementos te permiten inferir eso?

4. Y la mujer 1, ¿el tono de su voz es de satisfacción? ¿Por qué?

5. Hay dos expresiones en español que apuntan hacia la necesidad de equilibrio: "Ni tanto que queme al santo, ni tanto que no lo alumbre", "Ni tanto al mar ni tanto al cielo". ¿Conoces alguna expresión similar en portugués? Entonces, vamos a reflexionar: en nuestra apariencia, ¿solo tenemos dos opciones?, ¿ser como sirenas o como ballenas? Esto es, ¿solo existen los extremos?

6. Los personajes "sirena" y "chica sensual" sirven para que los autores del audio hagan una crítica a los estereotipos femeninos. Hoy en día los adolescentes encuentran en internet, en la tele y en canciones una apología de lo sexual. Muchas niñas con poca edad se visten y se maquillan como adultas. ¿Por qué ocurre eso? ¿Haces eso o conoces a alguien que lo haga?

7. ¿Cómo actúan tus papás ante esa situación? Y tú, ¿qué piensas sobre eso?

Vocabulario en contexto

Caja de sorpresa. Vamos a hacer una dinámica entre todos. El/la profesor(a) va a enseñarles una caja; tienes que mirar dentro de ella y decir tres adjetivos que califiquen lo que ves, pero sin decirles a los demás lo que es. Nadie puede contarle al otro lo que realmente vio. Los adjetivos son:

fea(o)	guapa(o)	maravillosa(o)
linda(o)	terrible	perfecta(o)
hermosa(o)	feliz	saludable
horrible	estupenda(o)	cansada(o)
delgada(o)	gorda(o)	interesante
bondadosa(o)	triste	fuerte
insatisfecha(o)	satisfecha(o)	impaciente
elegante	maja(o)	entretenida(o)
gentil	increíble	inteligente
capaz	divertida(o)	valiente

Ahora contesta: ¿Te gustas y te aceptas como eres?
_____
_____

Oído perspicaz: el español suena de maneras diferentes

El acento y la tilde en interrogativos y exclamativos

A lo largo de esta unidad se han empleado varias oraciones interrogativas y exclamativas, que comienzan y terminan con signos de interrogación (¿ ?) o de exclamación (¡ !):

> Mónica, ¿**qué** hiciste?
> ¿**Cómo** es la voz de la sirena?
> ¿**Quién** tiene más autoestima?

Observa que en las anteriores oraciones las partículas interrogativas llevan tilde (acento escrito): **qué**, **cómo**, **quién**. Esas palabras llevan un tipo de acento que se llama **diacrítico** y que sirve para distinguir una palabra tónica de una palabra de igual forma pero átona. Observa la siguiente tabla:

Formas tónicas	Formas átonas
Mónica, ¿**qué** hiciste?	Mónica hizo lo **que** le encargaste.
¿**Cómo** es la voz de la sirena?	La voz de la sirena es **como** un canto.
¿**Quién** tiene más autoestima?	Tiene más autoestima **quien** mejor se conoce a sí mismo.

Cuando la palabra **qué** es tónica, por ejemplo cuando es elemento interrogativo, lleva acento diacrítico. Cuando la palabra **que** es átona, no lleva tilde.

Las preguntas pueden ser directas o indirectas.
Las frases interrogativas directas empiezan por la señal de interrogación:

> ¿Quiénes van conmigo al teatro?
> ¿Qué día vamos a viajar?
> ¿Qué hacemos en ese caso?

Las frases interrogativas indirectas suponen la interrogación, la dejan implícita:

> Quiero saber quiénes van al teatro conmigo.
> No sé qué día vamos a viajar.
> No sé qué hacemos en ese caso.

1. ¡Vamos a practicar! En las siguientes frases usa o no la tilde.

    a) ¿**Como** hiciste el pollo?

    _____

    b) Siempre me pregunta **como** hago el pollo.

    _____

    c) Ese pollo está tan bueno **como** el otro.

    _____

    d) ¿**Adonde** vas, hijo mío?

    _____

    e) Dime **adonde** vas.

    _____

    f) Voy **adonde** quieras.

    _____

2. 🎧 10 Ahora escucha las siguientes frases con el uso de **por qué** y **porque**. Pon atención en la sílaba tónica. Cuando es pregunta, la sílaba fuerte es **qué**. Cuando es respuesta, la sílaba fuerte es **por**.

    a) ¿**Por qué** no viniste a mi fiesta de cumpleaños?

    b) Pregúntale a tu amiga **por qué** no fue a la fiesta.

    c) No fui a tu fiesta **porque** me he enfermado.

ochenta y cinco **85**

Género textual
- Encuesta

Objetivo de habla
- Conocer los gustos y preferencias del compañero.

Tema
- Partes del cuerpo, autoestima y autoimagen.

Tipo de producción
- En parejas

Oyentes
- Los compañeros de clase

Habla

Lluvia de ideas

1. En parejas, vamos a hacerle una encuesta al compañero. Pero no vamos a escribir las preguntas ahora, sino solamente los temas. Apunta aquí cinco temas relacionados con la autoestima y la autoimagen corporal que te interesa saber de tu compañero de clase.
   _____
   _____
   _____

2. Ahora que ya tienes tus temas, prepara cinco preguntas. ¿Cómo hablarás con tu compañero de clase, formal o informalmente?
   _____
   _____
   _____

Rueda viva: comunicándose

¡A hacer encuestas! En parejas, vamos a encuestar al otro. Uno va a ser el "encuestador" y el otro el "encuestado". Después, cambiaremos los roles. ¡Hablemos en español! En tus preguntas, tienes que usar el vocabulario aprendido de partes del cuerpo y los verbos que sirven para valorar sentimientos, gustos y preferencias.

¡A concluir!

Por fin, vamos a reflexionar y a contestar estas preguntas basados en las encuestas elaboradas por el grupo:
- ¿Las encuestas están bien elaboradas?
- ¿El tema es interesante?
- ¿Fue entretenida e informativa la experiencia de encuestarse entre ustedes?
- ¿Qué cosas aprendí sobre mí y sobre el otro a partir de la encuesta?

CULTURAS EN DIÁLOGO

nuestra cercanía

¿Conoces a algún pintor de Hispanoamérica? Mira el lienzo *Bailarina* del pintor colombiano Fernando Botero, que posee como marca estética la pintura de líneas suaves y redondeadas. Después, lee lo que el pintor dijo sobre su propia obra.

http://letras-uruguay.espaciolatino.com/jerozolimski/botero.htm

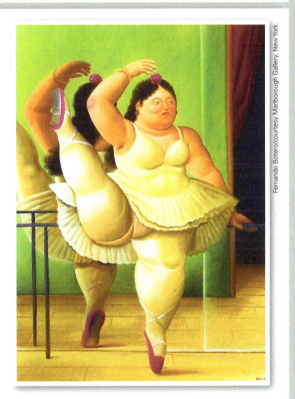

Yo veo una gran belleza en lo que yo hago. Es decir: yo no trato de hacer la fealdad. Yo hago unas obras en las cuales se hace mucho énfasis sobre el volumen. La gente, alguna gente, lo puede encontrar grotesca, otra gente no, es decir en el sentido de que hay una coherencia a través de todo el cuadro, que hace que esa deformación no sea una deformación gratuita sino que es una deformación general que obedece a una idea en el arte. Y por otra parte no solamente yo hago figuras humanas que pueden parecer grotescas, sino que hago naturalezas muertas, paisajes, es decir, es una deformación que viene de una idea, de la idea que el volumen es muy importante en el arte. Y bueno, después obviamente hay un poco de sátira, un poco de humor, pero nunca eso es el motor de mi trabajo sino que generalmente viene a último momento como toques que permitan al espectador relacionarse más fácilmente con la obra. Y por otra parte, esos toques a veces son la forma de cerrar la composición de la obra, de encontrar la solución de la obra.

Sacado de: <http://letras-uruguay.espaciolatino.com/jerozolimski/botero.htm>. Acceso el 22 de agosto de 2011.

1. ¿El ideal de belleza de Botero es semejante al pregonado por los medios de comunicación? ¿Por qué?
_____
_____
_____

2. ¡A hacerse de crítico de arte! Tienes en la página siguiente el famoso lienzo de *Mona Lisa* (o *La Gioconda*, de 1503), del pintor italiano Leonardo da Vinci. La pintura es famosa a causa de su sonrisa enigmática (que provoca sensación de ambigüedad) y de su técnica de pintura avanzada, el esfumado, un efecto vaporoso generado por la superposición de varias capas de pintura.

ochenta y siete 87

CULTURAS EN DIÁLOGO

Esta obra inspiró a varios artistas a lo largo de los siglos.

Hay abajo dos variaciones inspiradas en la pintura original. Utilizando tus conocimientos previos, la observación de los detalles y la eliminación por hipótesis, indica cuál es la primera obra (la *Mona Lisa* de da Vinci) y quiénes son los pintores de las otras "Mona Lisas".

A quien no lo sepa

En 2009, se realizó en Brasil la exposición "Cem Mona Lisas com Mona Lisa", que reunió relecturas contemporáneas de la obra de Leonardo da Vinci. Fue idealizada por el artista plástico y crítico Glauco Moraes, que invitó a 100 artistas del estado de Minas Gerais a participar en su evento.

Afiche de la exposición "Cem Mona Lisas com Mona Lisa"

¿LO SÉ TODO? (AUTOEVALUACIÓN)

Lectura	¿Para qué sirven los tests?	¿Tengo costumbre de hacer test en revistas?	¿Por qué uno siente la necesidad de testarse?
Escritura	¿Soy capaz de producir un test?	¿En dónde se publican los test?	¿Qué tipos de test me gustan?
Escucha	¿Qué más me llamó la atención en el audio "Sirena o ballena"?	¿Sé escuchar e identificar cuando alguien hace una pregunta o una exclamación?	¿Sé emplear el acento diacrítico en formas interrogativas y exclamativas?
Habla	¿Me gusta ser encuestador?	¿Me gusta ser encuestado?	¿Sé elaborar buenas preguntas y formular respuestas?
Gramática	¿Soy capaz de conjugar los verbos valorativos?	¿Qué adverbios de frecuencia he aprendido?	¿Sé usar las formas interrogativas?
Vocabulario	¿Qué partes del cuerpo conozco en español?	¿Cuántos adjetivos yo ya sé?	¿Qué significa "buena planta"?
Cultura	¿Cuál es el lienzo más famoso de Da Vinci?	¿Qué otras pinturas he conocido?	¿Quién es Botero? ¿Cómo es su arte?
Reflexión	¿Me gusto como soy?	¿Me cuido y me valoro?	¿Me llevo bien con los demás?

GLOSARIO VISUAL

Palabras en contexto

¿Sueles contar tus problemas a tus amigos? Veamos a dos chicos charlando sobre identidad y autoestima.

¡Qué lío! Algunos días estoy raro, muy nervioso, y otros me pongo feliz sin motivo. ¿Te pasa lo mismo? No sé; a veces quiero ser diferente.

¡Hombre! Es verdad. A veces yo me gusto un montón. Otras veces tengo ganas de ser otro. Más alto, fuerte y valiente. Creo que las chicas no me hacen caso.

Palabras en imágenes

pavo real

espejo

delfines

ochenta y nueve 89

Repaso: ¡juguemos con el vocabulario y la gramática!

Unidades 3 y 4
Individual

1. ¿En qué contenedor va cada residuo? Colorea los contenedores con su color específico.

2. Has estudiado verbos irregulares en presente de indicativo, ¿verdad? Vas a completar el crucigrama de las irregularidades, conjugando el verbo de acuerdo con las personas gramaticales.

Horizontales
1. Contar (yo)
2. Negar (tú)
3. Nacer (yo)
4. Tener (usted)
5. Ser (tú)

Verticales
1. Pedir (ustedes)
2. Poder (ellos)
3. Conocer (yo)
4. Hacer (yo)
5. Ser (vos)

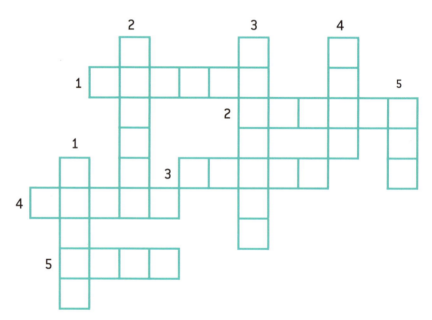

3. ¿Estás acostumbrado(a) a diseñar monstruos? Normalmente esos seres son muy distintos de los seres humanos y tienen un cuerpo muy raro... ¿Sabes los nombres de las partes del cuerpo en español? Las necesitarás para diseñar el monstruo descrito abajo en tu cuaderno. Tras dibujarlo, dale un nombre y una edad. Además, es necesario decir el nombre del planeta en que él vive. Preséntaselo a los compañeros de clase.

El monstruo es alto y delgado. Su cabeza es cuadrada y tiene tres orejas, un ojo rojo grande, dos narices y tres bocas pequeñas, cada una con dos dientes. Su pelo es largo y verde. Tiene una pierna, con tres pies y dos brazos. Su mano es color rosa y tiene solo tres dedos, cada uno de un color.

Me llamo _____.

Tengo _____ años.

Vivo en el planeta _____.

En parejas

Y en cuanto a los sonidos de la lengua española, ¿sabes pronunciarlos bien? A ver… Uno va a buscar palabras en español que se escriban con las letras **s**, **z** y **c**. En voz alta, hay que pronunciarlas. El otro tendrá que decir con cuál de esas tres letras se escriben tales palabras.

En grupos

¿Sabes expresar tus emociones? Vas a conocer las reglas del juego de tablero de los sentimientos. Se necesita un dado y una ficha para cada alumno.

Reglas: empieza el que saque el mayor número en el dado. Para avanzar por las casillas, hay que andar el número equivalente del dado. En cada casilla, hay que formar frases con los verbos conjugados en las personas entre paréntesis. Si se acierta, se sigue jugando. Si no se acierta, se pasa la vez. Gana el que llegue primero al final del tablero.

noventa y uno 91

En esta unidad...

... conoceremos el mundo de los sabores en las recetas de cocina, reflexionaremos sobre el acceso desigual a la comida en el mundo y aprenderemos a dar instrucciones y consejos para hacer platos típicos de Hispanoamérica. Al final podremos contestar a las preguntas: ¿Sé hacer una buena lista de compras? ¿Desperdicio alimentos?

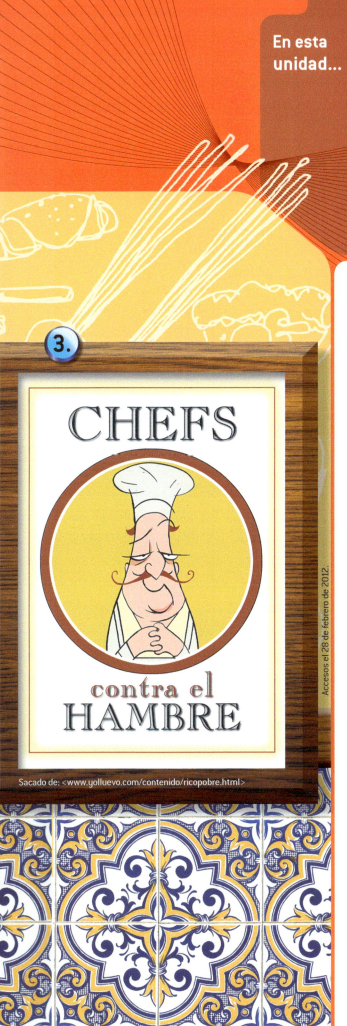

Accesos el 28 de febrero de 2012.
Sacado de: <www.yolluevo.com/contenido/ricopobre.html>

¡Para empezar!

1. Observa las imágenes 1 y 2 y discute con tus compañeros: ¿Cuál es la temática de los textos? ¿Qué elementos te permiten identificarla?

2. Busca tres palabras clave que sintetizan y mejor definen la temática. Luego completa el diagrama lexical. Puedes valerte del diccionario para buscar las palabras desconocidas.

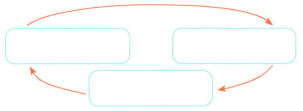

3. Por todo el mundo hay muchos movimientos en contra del problema del hambre mundial. En las imágenes 3 y 4 la Organización de las Naciones Unidas para la Agricultura y la Alimentación (FAO) invita a los grandes chefs de todo el mundo a elaborar recetas de cocina con alimentos nutritivos para editar un libro que se distribuye en países latinoamericanos que sufren más necesidad. ¿Qué alimentos consideras nutritivos y que deberían ser parte de esas recetas? ¿Te gustó esa idea?

Transversalidad
Aquí el tema transversal es la cuestión del problema del hambre en el mundo y la distribución desigual de los alimentos.

noventa y tres 93

Género textual
- Receta de cocina

Objetivo de lectura
- Ordenar la receta de alfajor.

Tema
- Comida

Lectura

Almacén de ideas

1. ¿Te gusta comer? ¿Qué comida prefieres: el desayuno, el almuerzo, la merienda o la cena? ¿Por qué?
   _____
   _____
   _____
   _____

desayuno

2. ¿Sabes cocinar? ¿Qué tipo de platos? ¿Quiénes te auxilian en esa tarea? ¿Quiénes cocinan en tu casa?
   _____
   _____
   _____

3. Cuando uno quiere preparar un plato que no conoce, ¿qué texto se suele utilizar para ayudarlo en esta tarea? ¿Cuáles son los elementos que aparecen en ese texto? ¿Dónde se puede encontrar?
   _____
   _____
   _____
   _____
   _____
   _____
   _____

almuerzo

4. Vas a leer la receta de cocina "alfajores argentinos". ¿Qué crees que lleva ese plato?
   _____
   _____
   _____

merienda

5. Nuestro paladar tiene el poder de sentir los diferentes sabores de los alimentos. En tu opinión, ¿son los alfajores argentinos un plato dulce, salado, ácido o amargo?
   _____
   _____

6. ¿Sabes en qué país existe la costumbre del consumo de alfajores?
   _____
   _____
   _____
   _____

cena

94 noventa y cuatro

Red (con)textual

La receta de alfajores argentinos se sacó del viejo libro de recetas de tu abuela. Como las hojas estaban envejecidas, a la hora de abrirlo tú has roto la receta. Y ahora, ¿cómo mantener esa tradición? Entonces, ¡a trabajar! Ordena la receta de alfajor y escríbela en la página siguiente. **¡Ojo!**: Piensa en la coherencia y la cohesión.

- Después batí bien la manteca con el azúcar hasta que quede lisa. Agregá las yemas al azúcar con la manteca revolviendo bien después de echar cada una.
- Dejá secar el baño de coco y guardá los alfajores envueltos con papel manteca.
- 150 gramos de harina
- Enmaicená la mesada de la cocina y estirá la masa con un palote. Cortá los alfajorcitos con un cortapastas pequeño y horneálos en una chapa bien enmantecada y enharinada.
- Primero buscá un bol grande y mezclá la harina con la maicena, el polvo de hornear y la sal.
- Por último, uní con los ingredientes secos: maicena, harina, etc. y la ralladura de limón.
- Que el horno sea moderado. Dejalo alrededor de 7 a 8 minutos (no permitas que se doren). Dejalos enfriar y juntalos de a dos con dulce de leche y pasalos con coco rallado.
- 4 cucharadas de azúcar
- 2 yemas de huevo
- Preparación
- Alfajores argentinos
- 1 cucharada de polvo de hornear
- Consejo
- 200 gramos de manteca
- Dulce de leche
- Coco rallado
- Ingredientes
- 1 cucharada de ralladura de limón
- 250 gramos de maicena
- 1 pizca de sal

El español alrededor del mundo

Algunas palabras y expresiones son propias de algunos países hispanohablantes, pero no de todos. En México, por ejemplo, no se dice "un bol grande" sino "un cuenco grande". En amplias regiones se prefiere hablar de **mantequilla** mejor que de **manteca** (batir bien la mantequilla). En otros países se llama **rodillo** lo que en Argentina y Uruguay es **palote**. El **dulce de leche** en otras partes se llama **cajeta** (dulce de leche de cabra muy espeso). La **chapa** se dice **charola**, **bandeja** o **lámina** u **hoja de metal** en algunas partes.

noventa y cinco **95**

El español alrededor del mundo

En esta lección se está hablando de los alfajores argentinos, que son una golosina consistente en dos rodajas delgadas de masa adheridas una a otra con dulce y a veces recubierta de chocolate o merengue.

Con la palabra **alfajor** se designan en español varias clases de dulces. En España, por ejemplo, el alfajor se hace con una pasta de almendras, nueces y, a veces, piñones, pan rallado y tostado, especia fina y miel bien cocida.

En algunos países centroamericanos se usan como ingredientes harina de yuca o de maíz, pan de azúcar, piña y jengibre.

En México, por lo contrario, es un dulce hecho de coco, leche y azúcar.

___

1. _____
2. _____
3. _____
4. _____
5. _____   8. _____
6. _____   9. _____
7. _____   10. _____

Tejiendo la comprensión

1. ¿Cuáles son los pasos de la receta? ¿Qué papel cumple cada uno?
   _____
   _____

2. ¿Por qué los ingredientes vienen antes del modo de preparación?
   _____
   _____
   _____

3. ¿Para qué sirven los consejos que algunas veces aparecen en las recetas de cocina?
   _____
   _____

4. Por la foto y los ingredientes, ¿te dieron ganas de probar los alfajores? ¿Harías esa receta? ¿Por qué?
   _____
   _____

Vocabulario en contexto

1. Las recetas utilizan medidas, como por ejemplo gramos, kilos, latas, tazas, entre otras. Haz lo que se te pide:

   a) ¿Cuáles son las medidas de los ingredientes en la receta de alfajores argentinos? Basado en esa cantidad, ¿cuántas personas crees que van a ser servidas?
   _____
   _____

   b) Supongamos que esa receta sirva para 6 (seis) personas. Habrá una fiesta en tu clase y quieres ofrecer a los compañeros del aula alfajores argentinos. Contigo y la profesora suman 24 (veinticuatro) personas. ¿Cómo modificarías la cantidad de ingredientes según el número de invitados?

Para 6 personas	Para 24 personas
200 gramos de manteca	_____ gramos de manteca
4 cucharadas de azúcar	_____ cucharadas de azúcar
2 yemas de huevo	_____ yemas de huevo
250 gramos de maicena	_____ kilo de maicena
150 gramos de harina	_____ gramos de harina
1 cucharada de polvo de hornear	_____ cucharadas de polvo para hornear
1 cucharada de ralladura de limón	_____ cucharadas de ralladura de limón
1 pizca de sal	_____ pizcas de sal
dulce de leche	_____
coco rallado	_____

2. Observa un menú de un típico restaurante español de Navarra y lo que va en cada una de las partes de la comida.

   a) Si fueras servir los alfajores en tu casa, los servirías como:

   ( ) entrante ( ) primer plato
   ( ) segundo plato ( ) postre

   b) Explica tu respuesta usando las informaciones del menú.
   _____
   _____
   _____
   _____
   _____
   _____

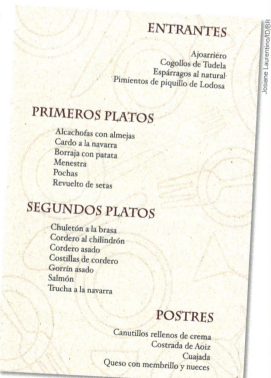

ENTRANTES
Ajoarriero
Cogollos de Tudela
Espárragos al natural
Pimientos de piquillo de Lodosa

PRIMEROS PLATOS
Alcachofas con almejas
Cardo a la navarra
Borraja con patata
Menestra
Pochas
Revuelto de setas

SEGUNDOS PLATOS
Chuletón a la brasa
Cordero al chilindrón
Cordero asado
Costillas de cordero
Gorrín asado
Salmón
Trucha a la navarra

POSTRES
Canutillos rellenos de crema
Costrada de Aoiz
Cuajada
Queso con membrillo y nueces

Véase también el **objeto educacional digital** "¡Brigadero, la receta que amo!".

Sacado de: <www.turismo.navarra.es/esp/propuestas/reyno-buena-mesa/que-comer/menu-tradicional>. Acceso el 28 de febrero de 2012.

noventa y siete 97

3. Ahora, hazte empleado de un súper. Debes poner 5 (cinco) alimentos en cada góndola.

requesón – manzana – gaseosa/refresco – pan – vino – arroz – espárrago – margarina – frijoles/judías – jugo/zumo – naranja – durazno/melocotón – queso – cerdo/puerco – dulce de leche – cuajada – gambas/camarones – sandía – agua – pollo – flan – sardina – espaguetis/fideos/pasta – plátano/banana – pastel/tarta – lechuga – calamares – zanahoria – churro – cebolla – remolacha/betabel – harina – mantequilla/manteca – cava – chocolate

4. Los alfajores son golosinas tradicionales de varios países de Latinoamérica, principalmente de Argentina. El origen de la palabra **alfajor** es árabe y significa "relleno". Otros países con tradición en ese dulce son Perú, Uruguay y Chile. A continuación habrá instrucciones resumidas de cuatro platos de la cocina de diferentes países del mundo hispánico. Intenta relacionar las recetas con sus denominaciones.

☐ Corta el pescado lavado en cuadrados. Corta la cebolla y ponle sal. Pon el pescado en una fuente y sazona con ajo machacado y sal. Añádele el ají picado y el limón exprimido, la pimienta y el culantro picado. Déjalo reposar 10 minutos. Coloca cebolla encima del pescado.

☐ Pela el tomate y córtalo en daditos retirando las semillas. Ponlo en un cuenco junto a los aguacates pelados y troceados, riega con unas gotas de limón, y machaca con el tenedor. Pela y pica la cebolla, lava y pica el cilantro y agrégalos a la mezcla. Agrega el chile picado y mezcla bien.

☐ Primero, trocea la sepia y los calamares en cuadrados. Después, calienta el aceite en una paellera y saltea las gambas y las cigalas durante un minuto. Resérvalas. Enseguida introduce los calamares y la sepia en el mismo aceite y sofríe. Así que tengan un color dorado, añade el tomate, los ajos picados y sofríe todo el conjunto. Echa el arroz, removiendo y rehogando el conjunto. Deja cocer 10 minutos y pon a punto de sal. Por último, coloca las gambas y las cigalas encima del arroz y deja cocer otros 5 minutos más, hasta que el caldo se evapore por completo.

☐ Remoja el pan. Lava y pela los tomates, el pepino y los pimientos. Córtalos y pásalos por la batidora. Luego, añade un diente de ajo. A continuación añade el pan, la sal, el vinagre y el aceite. Bate todo de nuevo hasta que quede una mezcla bien homogénea y añade el agua, poco a poco, hasta obtener una textura entre líquida y cremosa. Pasa por el pasapurés.

a) paella

c) cebiche

b) gazpacho

d) guacamole

5. Estás de visita en la casa de unos argentinos. Alejandra, la hija menor, al probar el alfajor que hizo su abuela le dijo cariñosamente, "¡Mnnn, qué exquisito, abuelita!, ¡quiero más!". En ese contexto, ¿qué significa la palabra **exquisito**?

_____

noventa y nueve **99**

Gramática en uso

1. Vuelve a la receta de alfajor en la página 96 y subraya los verbos de las frases sobre el modo de preparación. ¿Cuál es la función de este modo verbal en el género textual receta de cocina?

   _____

   _____

2. Sustituye el imperativo por infinitivo en las frases del modo de preparación. ¿Hay diferencia entre dar órdenes o instrucciones a través del infinitivo y a través del imperativo?

   _____

   _____

   _____

   _____

   _____

   _____

   _____

   _____

   _____

3. Haz una sustitución más; cambia los verbos según el siguiente ejemplo:

   > Primero buscá un bol grande (vos). ➝ Primero busca un bol grande (tú).
   > Después batí bien la receta (vos). Después bate bien la receta (tú).

   Observa la falta de acento en el segundo enunciado y reflexiona si el verbo es de primera, segunda o tercera conjugación. Además consulta la tabla de conjugación del imperativo afirmativo en la "Chuleta lingüística".

   _____

   _____

   _____

   _____

   _____

   _____

   _____

   _____

⚙ El español alrededor del mundo

En el texto de la receta de alfajores argentinos, las instrucciones se dan mediante las formas **buscá**, **mezclá**, **batí**, **agregá**, etc., que se emplean en varias regiones americanas, especialmente en Argentina. El sujeto de estos imperativos es el pronombre **vos** (buscá vos, batí vos, agregá vos, uní vos...). En otras zonas (España, México, Cuba, República Dominicana, Puerto Rico, etc.), el pronombre que se emplea es **tú** y el imperativo es **busca**, **bate**, **agrega**, **une**... (sin tilde): busca tú, bate tú, agrega tú, une tú...

■ Escritura
Conociendo el género

Género textual
- Lista de compras

Objetivo de escritura
- Ir al súper a comprar ingredientes para una receta.

Tema
- Comida

Tipo de producción
- Individual

Lectores
- El propio alumno

Observa las fotos abajo. Después contesta oralmente:

1. ¿Qué representan estas fotos?
2. ¿Por qué es importante, cuando se van a hacer compras a un mercadillo o a un súper, hacer una lista de compras?
3. En las fotos 1 y 2, ¿dónde se ha escrito la lista de compras?
4. Y en la foto 3, ¿dónde está la lista? ¿Crees que es un buen lugar para pegarla?

Planeando las ideas

Ahora, tendrás que hacer una lista de compras. Explícales a tus papás que en tu clase habrá una fiesta para conmemorar el Día del Maestro y que a ti te tocó llevar un plato dulce y otro salado. Tras el sorteo, supiste que tendrías que llevar churros y empanadas. Para hacer la lista de compras, hay que investigar algunas cosas antes:

- ¿En qué lugares del mundo se comen las empanadas y los churros? Para saber eso, se puede ir a la biblioteca de la escuela y buscar informaciones en enciclopedias o ir al aula de informática y entrar en sitios de recetas en internet, tales como: <www.recetas-de-cocina.net>, <http://cocinadelmundo.com/> (accesos el 20 de enero de 2012).
- Elige dos recetas: una de churros y otra de empanadas. Transcríbelas en tu cuaderno. Acuérdate de los pasos de la receta (ingredientes, preparación y consejos) y qué hay en cada uno.

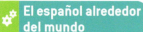

El español alrededor del mundo

En España a la **papa** se le dice **patata**; en México, al **tomate** también se le llama **jitomate** y **chile** al **ají**; en muchas partes el **bife** es un **bistec**.

Taller de escritura

Ahora que ya tienes las recetas, ¿qué alimentos necesitas para hacer los churros y las empanadas? Ten en cuenta que contigo y el/la profesor(a) hay 24 (veinticuatro) personas en el aula. Escribe tu lista de alimentos en la hoja que llevarás al súper.

(Re)escritura.

1. Con la lista en manos, has decidido ir al súper a comprar los productos. Tu vecina, sin tiempo para hacer compras, te ha pedido que le compraras algunas cosas y te pasó una lista de compras. Observa que la lista de tu vecina está bien organizada:

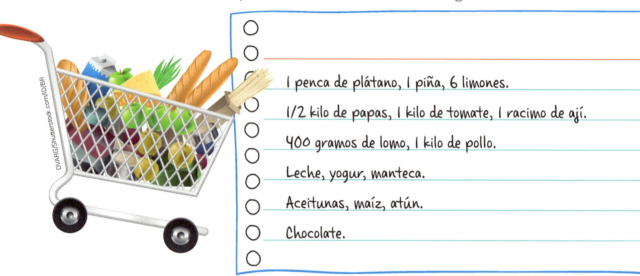

1 penca de plátano, 1 piña, 6 limones.
1/2 kilo de papas, 1 kilo de tomate, 1 racimo de ají.
400 gramos de lomo, 1 kilo de pollo.
Leche, yogur, manteca.
Aceitunas, maíz, atún.
Chocolate.

a) ¿Cuál es el criterio de organización de la lista?
_____
_____
_____
_____

b) Ahora, vuelve a tu lista de compras y organízala según criterios bien definidos. Tras rehacer la lista, explica en qué lugar o en qué góndola encontrarás los productos que buscas.
_____
_____
_____

Vocabulario de apoyo

carnicería – panadería – verdulería – frutería – dulcería – lácteos – bebidas – enlatados – frutas – verduras – legumbres – dulces

2. Tu lista de compras ya está hecha. Reléela y observa:
   a) ¿Has escrito los nombres de los productos con la grafía correcta? Para eso, checa todas las palabras en el diccionario.
   b) ¿Has puesto la cantidad de los productos cuando es necesario? Para eso, vuelve a la receta y relaciona las cantidades de los ingredientes con la cantidad de personas que la comerán.

■ Escucha

¿Qué voy a escuchar?

Contesta oralmente a las dos preguntas de abajo.

1. Como vimos, las recetas de cocina circulan en varios soportes. Seguramente has visto alguna vez la enseñanza de una receta en la tele. ¿Te acuerdas de la receta? Y el programa, ¿cuál era?

2. En la presentación del paso a paso de la receta en los programas de la tele, ¿qué elementos del escenario suele enfocar la cámara? La entonación de quien dicta la receta ¿es pausada o rápida?

3. Teniendo por base tus experiencias anteriores respecto a las recetas de cocina, escribe abajo el nombre de ocho útiles de cocina que se pueden usar en la preparación de una receta. Para esa tarea, utiliza un diccionario bilingüe.

_____

_____

_____

Escuchando la diversidad de voces

Generalmente, cuando alguien escucha una receta de cocina en la televisión con el deseo de hacerla después, se pone a apuntarla. Pero, muchas veces, algunas informaciones se pierden por varios motivos: sea por la rapidez del habla del chef de cocina, sea porque la persona ha tardado en buscar bolígrafo y papel, entre otras razones. Así que, hay que crear estrategias para apuntar lo máximo posible de las informaciones imprescindibles. ¿Lo intentamos?

🎧 11 Vas a escuchar varias veces una receta de cocina sacada de <www.recepedia.com> (acceso el 20 de enero de 2012). Pero hay algunos pasos a seguir.

1. Primero, anota los ingredientes de la receta en listado. Fíjate que te pusimos algunas pistas para eso.

> ### Alfajores de maicena
> **Ingredientes:**
>
> _____ bien blandita.
>
> _____ impalpable.
>
> _____ de huevo.
>
> _____ de hornear.
>
> _____

Género textual
- Receta de cocina televisiva

Objetivo de escucha
- Comprender cómo se hace la receta de alfajor.

Tema
- Comida

ciento tres **103**

2. 🎧 **11** Escucha nuevamente y di en qué momento se utilizan los siguientes útiles de cocina: **el cuenco, la batidora de mano, el palote de estirar, los moldes**, y relaciónalos a los siguientes verbos:

batir y mezclar

cortar

amasar

colocar

3. 🎧 **11** Ahora, comprueba tus apuntes numerando los siguientes 17 (diecisiete) enunciados de la receta según el orden de las instrucciones dadas por la chef de cocina:

( ) La dejamos descansar por media hora en un lugar fresco.

( ) Esta es una receta para que hagan los niños: Alfajores de maicena.

( ) Con mucho cuidado lo rellenamos con dulce de leche, dulce de cajeta o manjar.

( ) Y recuerda de vigilarlos, ya que no deben dorar para estar bien tiernos y suaves.

( ) Y volvemos a batir. Esta vez con más ganas.

( ) Mezclamos la maicena con el polvo de hornear, y de a poco y con cuidado porque sale volando.

( ) Pídele siempre a un adulto que te ayude.

( ) Batimos en un cuenco la margarina bien blandita con el azúcar impalpable.

( ) También los puedes pasar por coco rallado.

( ) En la mesada colocamos un poco más de maicena para que no se nos pegue.

( ) Si los pasas también por maicena no se te pegarán.

( ) Con un palote de amasar la estiramos. Con moldes de formas redondos la cortamos.

( ) Con cuidado ya que son frágiles los cocinamos en una fuente por diez minutos en horno fuerte.

( ) Agregamos primero dos o tres yemas. Batimos y agregamos el resto.

( ) Haz en cantidad, así puedes compartirlos con tus amigos.

( ) Lo mezclamos con la margarina hasta que la masa no se pegue más a los bordes.

( ) Y otro poco más sobre la masa.

104 ciento cuatro

Comprendiendo la voz del otro

🎧 **11** Ahora, escucha la receta una vez más y contesta:

1. ¿Quién es el destinatario de la receta? ¿Cuáles son los elementos que te permiten inferir eso?

   _____
   _____

2. En las instrucciones, ¿cuáles son los consejos de la chef de cocina?

   _____
   _____
   _____
   _____

3. Ahora conoces dos recetas de alfajores. ¿Qué diferencias existen? ¿Cuáles son las semejanzas?

   _____
   _____
   _____
   _____
   _____

4. Al final del programa culinario que has oído, aparece una pregunta: "Y tu receta, ¿cuál es?" ¡A charlar! En parejas, entabla un diálogo con el compañero de al lado, en el que deben contarse uno al otro cuál es el plato favorito de ambos, el motivo de ese gusto y lo que lleva la receta para prepararlo.

> **Vocabulario de apoyo**
> Mi receta favorita es...
> Me gusta comer... , pues...
> Lleva..
> Y tú, ¿qué tipo de platos prefieres...?

Gramática en uso

1. Observa estos verbos sacados de la receta:

   > batimos – agregamos – volvemos – mezclamos – dejamos – colocamos – estiramos – rellenamos – cocinamos

   a) ¿En qué se parecen estos verbos? ¿A qué sujeto gramatical (o pronombre personal) se refiere su terminación? ¿Por qué se eligió esa persona gramatical?

   _____
   _____

   b) ¿Sería distinto si en la receta se usara el tuteo o el voseo?

   _____

   c) ¿En qué tiempo verbal están los verbos en la receta?

   _____

ciento cinco **105**

d) Ahora, organiza los verbos del cuadro en tres líneas, según la terminación que tengan al cambiarlos al infinitivo:

ar:

er:

ir:

e) Y si se optase por usar el infinitivo, ¿qué cambiaría?

Oído perspicaz: el español suena de maneras diferentes

El dígrafo ll y la y

En la receta de los alfajores la **y** de **yema** y el dígrafo **ll** de **rallar** se pronuncian igual, como si las dos palabras estuvieran escritas con **y**. Casi todos los hispanohablantes son yeístas, pues pronuncian el dígrafo **ll** como **y**.

Ahora bien, el sonido de la /y/ (correspondiente a la letra **ye** y al dígrafo **ll**) tiene diferente pronunciación en las diversas zonas. Escucha estas explicaciones:

- En la mayor parte de los países se pronuncia como **y**, apoyando la lengua en el centro del paladar: "yema, rayar" (yema, rallar).
- En Argentina la /y/ se pronuncia con un silbido semejante al que se produce en el inglés cuando se pronuncia la **sh**. Un español, un colombiano o un mexicano pronuncian las palabras **yema** y **rallar** diciendo "yema, rayar". Un argentino, por lo contrario, dice "shema, rashar".
- En el español del norte de México y del sur de los Estados Unidos la /y/ es más suave y se parece a la vocal **i**. En esos lugares las palabras **yema** y **rallar** se pronuncian "iema, raiar". En algunas palabras, en la pronunciación de esa región, puede llegar a desaparecer la /y/: tortilla puede pronunciarse ahí diciendo "tortía".

🎧 12 Vas a escuchar tres versiones de las siguientes palabras, la mayoría sacada de la receta de alfajor:

> yema – ayude – rallado – rellenamos

Relaciona cada pronunciación con su lugar de origen según el orden en que se escucha en el audio. ¿Cuáles son los cambios?

Número	Variante
	Norte de México
	Buenos Aires, Argentina.
	Madrid, Espanha.

Habla

Lluvia de ideas

1. Observa las campañas siguientes y, en parejas, comenta oralmente con tu compañero:

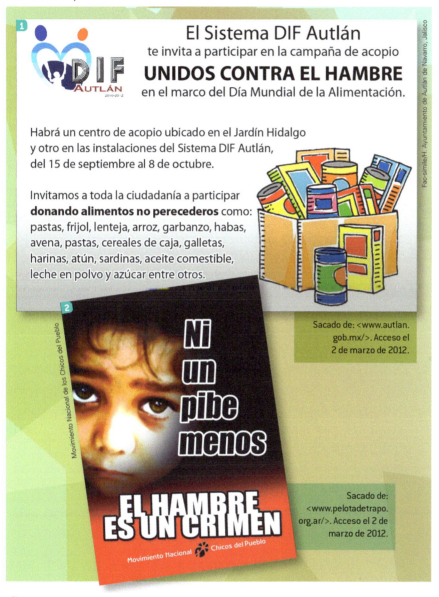

Sacado de: <www.autlan.gob.mx/>. Acceso el 2 de marzo de 2012.

Sacado de: <www.pelotadetrapo.org.ar/>. Acceso el 2 de marzo de 2012.

a) En la primera campaña, ¿qué nombres de alimentos aparecen? ¿De qué tipo son?

b) ¿Qué palabra de la segunda campaña nombra la imagen que aparece? ¿Qué otras palabras conoces que signifiquen lo mismo?

c) ¿Cuál es el objetivo de las dos campañas que se leyeron? Puedes formular la respuesta usando las siguientes frases:
- El objetivo de la campaña es...
- La campaña tiene como propósito...
- Esa protesta es necesaria para...

Género textual
- Entrevista

Objetivo de habla
- Preguntar sobre problemas y proponer soluciones.

Tema
- Problema del hambre en el mundo

Tipo de producción
- En parejas

Oyentes
- Alumnos de la clase

A quien no lo sepa
La sigla DIF significa, en México, Desarrollo Integral de la Familia.

El español alrededor del mundo
En Argentina, Uruguay y Bolivia llaman **pibes** a los chicos o muchachos; en España los denominan **chavales** y, en México, **chamacos** o **chavos**.

ciento siete 107

2. Ahora, observa la siguiente tira cómica:

Sacado de: <http://odresnuevos.wordpress.com>. Acceso el 27 de julio de 2011.

a) En la primera tira, se afirma que faltan tres acciones en la campaña de la ONU. ¿Qué hipótesis se formulan en la segunda tira?
_____

b) ¿Por qué, en la última tira, los que formularon hipótesis se ponen con cara de espanto?
_____
_____

Rueda viva: comunicándose

1. Con tu compañero, haz una entrevista: uno será el reportero y el otro el entrevistado que tiene la ardua tarea de aconsejar en una frase imperativa una solución para el hambre. Para eso, el reportero debe entrevistar al compañero basándose en dos preguntas fundamentales:

   a) Primera: ¿Cuáles son los "ingredientes" para acabar con el hambre en el mundo?

   b) Segunda: ¿Qué consejo das para contribuir a la formación de una sociedad más igualitaria?

2. Ahora, cambia los papeles. El que primero fue el reportero va a ser el entrevistado.

¡A concluir!

Organiza un afiche con los diez mejores consejos presentados en la clase para combatir el hambre. Vamos a colgarlo en nuestro mural para que todos lo vean. En la escritura de los consejos, observa el lenguaje y el uso de imperativo: ¿a qué público se destina? ¿Debo usar lenguaje formal (usted) o informal (vos, tú)? Además, recuerda que un afiche debe ser atractivo, con letras visibles y con imágenes para llamar la atención del lector. No te olvides de mirar el mural de los otros grupos de español de tu escuela.

CULTURAS EN DIÁLOGO

nuestra cercanía

La cuchara ha servido de inspiración al poeta chileno Pablo Neruda. Haz una lectura individual y silenciosa de la "Oda a la cuchara". Después, con la clase dividida en cinco grupos, cada grupo leerá una estrofa en voz alta.

Oda a la cuchara

CUCHARA,
cuenca
de
la más antigua
mano del hombre,
aún
se ve en tu forma
de metal o madera
el molde
de la palma
primitiva,
en donde
el agua
trasladó
frescura
y la sangre
salvaje
palpitación
de fuego y cacería.

Cuchara
pequeñita,
en la
mano
del niño
levantas
a su boca
el más
antiguo
beso
de la tierra,
la herencia silenciosa
de las primeras aguas que
cantaron
en labios que después
cubrió la arena.

El hombre
agregó
al hueco desprendido
de su mano
un brazo imaginario
de madera
y
salió
la cuchara
por el mundo
cada
vez
más
perfecta,
acostumbrada
a pasar
desde el plato a unos
labios clavelinos
o a volar
desde la pobre sopa
a la olvidada boca del
hambriento.

Sí,
cuchara,
trepaste
con el hombre
las montañas,
descendiste los ríos,
llenaste
embarcaciones y ciudades,
castillos y cocinas,
pero
el difícil camino
de tu vida
es juntarte
con el plato del pobre
y con su boca.

Por eso el tiempo
de la nueva vida
que
luchando y cantando
proponemos
será un advenimiento de
soperas,
una panoplia pura
de cucharas,
y en un mundo
sin hambre
iluminando todos los
rincones,
todos los platos puestos en la
mesa,
felices flores,
un vapor oceánico de sopa
y un total movimiento de
cucharas.

Pablo Neruda. *Tercer libro de las odas*. Sacado de: <www.neruda.uchile.cl/obra/obratercerlibrodeodas2.html>. Acceso el 8 de noviembre de 2011.

A quien no lo sepa

Pablo Neruda (1904-1973) fue un renombrado poeta chileno, ganador del Premio Nobel de la Literatura en 1971. Escribió poemas y odas que hasta hoy día tienen a los apasionados por la escritura poética recitando sus versos.

ciento nueve

CULTURAS EN DIÁLOGO

1. Una oda es un poema-homenaje, generalmente largo, que se escribe para alabar a una persona querida, un personaje o un hecho importante. Con base en esa definición, explica por qué ese poema de Pablo Neruda es una oda.
   _____
   _____
   _____

2. La cuchara es un instrumento que necesita al hombre para ponerla en movimiento. ¿De qué manera la cuchara gana movimientos en los versos de Neruda?
   _____
   _____
   _____

3. Fíjate en las cosas con las que el poeta relaciona la cuchara y justifica: ¿por qué para Neruda se hizo necesario hacer una oda a la cuchara?
   _____
   _____

4. Además de la cuchara, ¿qué útiles domésticos aparecen en el poema? ¿Qué papel cumplen en él?
   _____
   _____

5. La cuchara, para Neruda, está relacionada con el sueño de un mundo sin hambre. ¿Por qué?
   _____
   _____

6. La "Oda a la cuchara" hace referencia a una situación muy grave que se presenta hoy en el mundo: la escasez de alimentos y la desigualdad en la distribución de la comida que, entre otras causas, generan el hambre. Lee el afiche y la tercera estrofa de la oda. Los dos hacen referencia al mismo problema, pero con lenguajes y elementos distintos. Apunta las semejanzas y las diferencias, explicando la palabra en destaque en la expresión "la **olvidada** boca del hambriento".
   _____
   _____
   _____
   _____
   _____
   _____

110 ciento diez

¿LO SÉ TODO? (AUTOEVALUACIÓN)

Lectura	¿Identifico los pasos de una receta?	¿Sé hacer alfajores argentinos?	¿Reconozco la función de la receta de cocina?
Escritura	¿Sé preparar una lista de compras?	¿Hago buenos afiches?	¿Reviso mi producción escrita?
Escucha	¿Comprendo globalmente un audio de recetas?	¿Identifico palabras clave en una receta de cocina?	¿Sé reconocer las distintas pronunciaciones de la letra **y** y del dígrafo **ll**?
Habla	¿Sé dar consejos para contribuir en el logro de una sociedad más igualitaria?	Como reportero, ¿sé hacer preguntas?	¿Sé pronunciar la letra **y** y el dígrafo **ll**? ¿Qué pronunciación prefiero?
Gramática	¿Soy capaz de conjugar los verbos en imperativo de tú y vos?	¿Soy capaz de reflexionar sobre los usos del imperativo en una receta de cocina?	¿Sé usar el presente de indicativo para instruir a alguien en una receta?
Vocabulario	¿Sé las palabras del campo semántico de comidas?	A ver cuáles son: útiles de cocina; alimentos; cantidades.	¿Sé armar un menú?
Cultura	¿Qué es una oda?	¿Quién es Pablo Neruda?	¿Conozco otras odas de este gran poeta?
Reflexión	¿Por qué hay acceso desigual a la comida en el mundo?	¿Hago algo para combatir el hambre en el mundo?	¿Desperdicio alimentos?

ciento once 111

6 Reglas para un juego limpio: ¡a tener deportividad!

El español alrededor del mundo

A las personas que simpatizan fanáticamente con un jugador o un equipo deportivo se les llama **hinchas** en varias partes (España, Argentina...). En otras (México, por ejemplo) se denominan **aficionados** o **fanáticos**. La **barra** se dice en Ecuador y en Chile. **Forofos** es vocablo exclusivo de España.

En esta unidad...

... reflexionaremos sobre el respeto mutuo en la práctica deportiva, veremos palabras e imágenes del fútbol y leeremos algunas reglas de juego. Al final podremos contestar a las preguntas: ¿Conozco y respeto las reglas? ¿Tengo deportividad?

¡HAZ DEPORTE Y DISFRUTA!

2012 CONTIGO AVANZAMOS — Gobierno de Navarra

Sacado de: <www.navarra.es/home.es/Temas/Deporte/Actividades/Campana+valores+del+deporte>. Acceso el 25 noviembre de 2010.

¡Para empezar!

1. Pon atención en los títulos de noticias de los periódicos electrónicos *lanacion.cl* y *enlatino.com*; con todo el grupo, contesta:
   a) ¿Cuál es la temática?
   b) En tu ciudad, ¿cuáles son los equipos rivales? ¿Eres hincha de qué equipo?
   c) ¿Por qué hay violencia en el mundo del fútbol (en los estadios, en las calles, en los bares, en las escuelas...)? ¿Qué es necesario hacer para cambiar eso?

2. Ahora observa la campaña, planeada por el gobierno de Navarra en 2012.
   a) ¿Cuál es la importancia del verbo **disfrutar** en el eslogan de la campaña?
   b) ¿Por qué crees que son necesarias campañas educativas de este tipo?
   c) ¿Conoces alguna campaña del gobierno brasileño de incentivo a la práctica deportiva? ¿Crees que hay suficiente incentivo a la práctica deportiva en Brasil?

Transversalidad

Aquí el tema transversal es la cuestión del juego limpio, el respeto a las reglas y la práctica deportiva como algo importante para la salud y la socialización.

Género textual
- Reglas

Objetivo de lectura
- Como árbitro, entender las reglas sobre faltas e incorrecciones.

Tema
- Fútbol playa

El español alrededor del mundo

En algunos países hispanohablantes el nombre de ese popular deporte se pronuncia poniendo el acento en la primera sílaba: **fútbol**. En otros países, en México por ejemplo, la palabra se pronuncia con acento en la última sílaba: **futbol**, sin tilde, y se pronuncia [futból].

■ Lectura

Almacén de ideas

Contesta oralmente.

1. El texto que vas a leer está en el sitio electrónico de Fifa. ¿Qué significa esa sigla? ¿Con qué deporte está relacionada?

2. Todos los deportes presentan reglas específicas que organizan el partido. Abajo hay una imagen que introduce el texto "Reglas de juego del fútbol playa", escrito por Fifa.

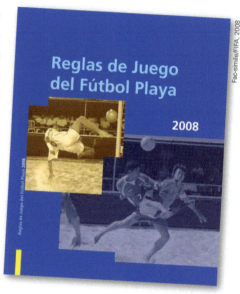

Sacado de: <http://es.fifa.com/mm/document/affederation/federation/lotg_bswc_es_0626_56336.pdf>. Acceso el 26 de noviembre de 2010.

Por la imagen, intenta descubrir tres palabras que encontrarás en el texto "reglas de juego del fútbol playa".

3. Ahora vas a observar otra imagen que hay en el texto "Reglas de juego del fútbol playa".

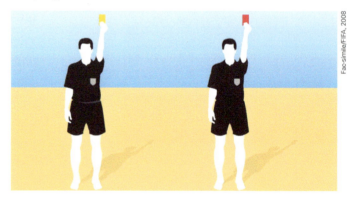

Sacado de: <http://es.fifa.com/mm/document/affederation/federation/lotg_bswc_es_0626_56336.pdf>. Acceso el 26 de noviembre de 2010.

a) ¿Cuál es la función de la persona que está en la imagen?

b) ¿Cuál es el color de la tarjeta cuando hay amonestación? Intenta crear una regla en que usarías esta tarjeta si fueras árbitro de un partido de fútbol playa.

c) ¿Cuál es el color de la tarjeta cuando hay expulsión? Oralmente, intenta crear una regla en que usarías esta tarjeta si fueras árbitro de un partido de fútbol playa.

114 ciento catorce

Red (con)textual

Vas a leer una parte de la regla número 11 del texto "Reglas de juego del fútbol playa" de Fifa. Ponte como un árbitro y fija la atención en como deberías actuar. Observa si las reglas creadas oralmente coinciden con las impuestas por Fifa.

Regla 11. Faltas e incorrecciones

Sanciones disciplinarias

Los árbitros tienen la autoridad para tomar medidas disciplinarias desde el momento en que se incorporan a la superficie de juego hasta que la abandonan, después del pitido final.

Infracciones de jugadores o jugadores sustitutos sancionables con una amonestación

Un jugador será amonestado si comete una de las siguientes infracciones:
- ser culpable de conducta antideportiva
- desaprobar con palabras o acciones
- infringir persistentemente las Reglas de Juego
- retrasar deliberadamente la reanudación del juego
- no respetar la distancia reglamentaria en un saque de esquina, de salida, de banda o un tiro libre directo
- entrar o volver a entrar al terreno de juego sin el permiso de los árbitros, o contravenir el procedimiento de sustitución
- abandonar deliberadamente el terreno de juego sin el permiso de los árbitros
[...]

Infracciones de jugadores o jugadores sustitutos sancionables con una expulsión

Un jugador o un jugador sustituto será expulsado si comete una de las siguientes infracciones:
- ser culpable de juego brusco grave
- ser culpable de conducta violenta
- lanzar arena a cualquier persona
- escupir a un adversario o a cualquier otra persona
- impedir con mano intencionada un gol o malograr una oportunidad manifiesta de gol (esto no es válido para el guardameta dentro de su propia área penal)
- malograr la oportunidad manifiesta de gol de un adversario que se dirige hacia la meta del jugador mediante una infracción sancionable con tiro libre directo o tiro penal
- emplear lenguaje o gesticular de manera ofensiva, grosera u obscena
- recibir una segunda amonestación en el mismo partido

Decisiones

1. Un jugador expulsado no podrá volver a jugar ni sentarse en el banco de sustitutos, debiendo abandonar los alrededores del terreno de juego.
   - Un jugador podrá sustituir al jugador expulsado y entrar en el terreno de juego una vez transcurridos dos minutos después de la expulsión, siempre que cuente con la autorización del tercer árbitro.
2. Una entrada que ponga en peligro la integridad física de un adversario deberá ser sancionada como juego brusco grave.
3. Toda simulación en el terreno de juego que tenga por finalidad engañar a los árbitros será sancionada como conducta antideportiva.
4. El jugador que se quite la camiseta al celebrar un gol deberá ser amonestado por conducta antideportiva.
[...]

Sacado de: <http://es.fifa.com/mm/document/affederation/federation/lotg_bswc_es_0626_56336.pdf>, p. 37-38. Acceso el 23 de enero de 2012.

Tejiendo la comprensión

1. Estas reglas de juego son necesarias para que todo salga bien en el deporte fútbol playa. En la regla 11, el objetivo es:
   - ( ) narrar un partido de fútbol playa.
   - ( ) describir las maneras de jugar al fútbol playa.
   - ( ) instruir sobre las infracciones y faltas del partido.
   - ( ) argumentar sobre las infracciones y faltas.

2. ¿Qué pasa si hay un jugador que no sabe las reglas del juego?
   _____

3. Observa el uso de la palabra **amonestación** en las reglas y marca la palabra que funciona como sinónimo, o sea, la que tiene el mismo significado:
   - ( ) Advertencia.
   - ( ) Consideración.
   - ( ) Expulsión.
   - ( ) Insulto.

4. ¿Qué infracción es la más grave? ¿La sancionable con amonestación o con expulsión? Argumenta con elementos del texto.
   _____
   _____
   _____

5. Observa el pasaje de un partido de fútbol playa en que se usó una tarjeta. Identifica el color de esa tarjeta y la infracción cometida.

Tarjeta: _____

Infración: _____

6. Antes de leer el texto, has creado una regla para el uso de la tarjeta amarilla y otra para el uso de la tarjeta roja. Y ahora que has leído el texto, ¿has encontrado coincidencias?

_____

_____

_____

7. Marca las actitudes que consideras importantes en los deportes:

( ) Ser egoísta.   ( ) Respetar al jugador adversario.

( ) Integrarse al equipo.   ( ) Jugar limpiamente.

( ) Tener disciplina.   ( ) Ser agresivo.

( ) Jugar suciamente.   ( ) Tener responsabilidad.

8. Ahora piensa: ¿a qué tipo de conductas le darías tarjeta roja en la vida diaria? ¿Por qué?

_____

_____

_____

Gramática en uso

Preposiciones

1. En las reglas de fútbol playa se afirma que "Los árbitros tienen la autoridad para tomar medidas disciplinarias desde el momento en que se incorporan a la superficie de juego hasta que la abandonan, después del pitido final".

a) En la frase anterior, ¿qué palabra marca el inicio de la autoridad del árbitro?

_____

b) En la frase, ¿qué palabra marca que la autoridad del árbitro termina?

_____

2. Observa las frases de abajo:

> La profesora quiere silencio **desde** el inicio **hasta** el final de la clase.
> Todos los días trabajo **de** siete **a** once y media.

En esas frases, las palabras que se han destacado expresan una idea de:

( ) lugar.   ( ) tiempo.

3. Observa dos frases más:

> Viajamos **desde** Curitiba **hasta** Recife en autobús.
> Fuimos **de** São Paulo **a** Belo Horizonte en avión.

En estas frases, las palabras que se han destacado expresan idea de:

( ) lugar.   ( ) tiempo.

JungleOutThere/Shutterstock.com/ID/BR

ciento diecisiete **117**

4. En los ejemplos vistos, la preposición **hasta** se usa para introducir el punto final, donde acaba un recorrido espacial o temporal. En ese contexto, ¿cómo traducirías al portugués esa preposición?

_____

5. Ahora observa el uso de las preposiciones **hasta** y **hacia**. Intenta formular hipótesis sobre la diferencia de sus usos.

> Primero, viajo **hasta** Recife y me quedaré en la casa de Paulo. Después sigo **hacia** el sur, pero no he decidido dónde pararé.

_____
_____
_____

6. ¿En cuál de las frases de abajo se puede afirmar que la pelota, realmente, entró en la portería, donde está el arquero?

a) La pelota se fue **hasta** la portería.   b) La pelota se fue **hacia** la portería.

_____

Uso de las conjunciones *y* (e) y *o* (u)

Véase también el **objeto educacional digital** "Hacia x hasta".

1. Observa las conjunciones destacadas en las siguientes frases, sacadas de las reglas de fútbol playa:

> Un jugador podrá sustituir al jugador expulsado **y** entrar en el terreno de juego (...)
> (...) desaprobar con palabras **o** acciones.
> (...) escupir a un adversario **o** a cualquier otra persona.

a) En este contexto, la conjunción **y** sirve para:

( ) sumar dos acciones.   ( ) escoger entre dos acciones.

b) En este contexto, la conjunción **o** sirve para:

( ) sumar dos acciones.   ( ) escoger entre dos acciones.

2. Las conjunciones **y** / **o** son muy usadas en español, pero en algunos casos, la **y** pasa a **e** y la **o** pasa a **u**. Observa las frases de abajo e intenta explicar por qué ocurre eso:

> incorrecciones **y** faltas / iglesia **y** museo / himnos **y** cantos / hijo **y** padre
> faltas **e** incorrecciones / museo **e** iglesia / cantos **e** himnos / padre **e** hijo
>
> obscena **o** grosera / ojos **o** boca / hoja **o** flor / hoy **o** ayer
> grosera **u** obscena / boca **u** ojos / flor **u** hoja / ayer **u** hoy

_____
_____
_____
_____

118   ciento dieciocho

Vocabulario en contexto

1. En las reglas del fútbol playa, aparecen palabras típicas de un partido de fútbol. Relee el texto y busca la palabra o expresión que corresponda a los significados a continuación. Escríbela en los huecos: te damos algunas pistas.

   a) Sanción técnica que consiste en lanzar un tiro desde el punto penal hacia la portería, muy conocida como **penalti**:

   T ___ ___ ___   P ___ ___ ___ ___

   b) Lanzamiento directo del balón a la portería del equipo contrario como consecuencia de una falta:

   T ___ ___ ___   L ___ ___ ___ ___   D ___ ___ ___ ___ ___ ___

   c) Momento en que el jugador sale del lugar del juego:

   S ___ ___ ___ ___ ___ ___ ___ ___ ___ ___

   d) Zona en la que se quedan los jugadores sustitutos:

   B ___ ___ ___ ___   DE   S ___ ___ ___ ___ ___ ___ ___ ___

   e) Sonido que interrumpe el partido de fútbol:

   P ___ ___ ___ ___ ___   F ___ ___ ___ ___

   f) Espacio demarcado delante de los postes y de la portería equidistantes a estos:

   Á ___ ___ ___   P ___ ___ ___ ___

   g) Objetivo de un partido de fútbol:

   ¡ ___ ___ ___ !

2. En la sopa de letras, se han puesto las posiciones que ocupa cada jugador en un equipo de fútbol. Búscalas:

   portero   medio   delantero   defensa   entrenador

Equipo español de fútbol que fue campeón en el Mundial de 2010.

E	P	H	O	P	N	K	X	O	Y	Z	X
Z	N	A	G	O	Z	A	I	I	X	A	D
O	K	T	M	R	K	F	J	D	D	I	O
L	N	A	R	T	V	Y	Q	K	E	R	L
W	K	S	O	E	H	G	F	C	L	X	Z
E	X	R	I	R	N	N	M	T	A	E	U
T	T	W	C	O	S	A	R	E	N	T	V
U	Q	T	I	E	Z	E	D	D	T	Y	U
M	E	D	I	O	X	Z	Z	O	E	Y	I
H	F	P	Z	I	H	B	T	T	R	Z	O
J	C	H	A	U	M	Q	Y	I	O	Z	A
D	E	F	E	N	S	A	R	K	N	Q	J

ciento diecinueve 119

Género textual
- Reglas de juego

Objetivo de escritura
- Producir las reglas del juego de la memoria.

Tema
- Juegos

Tipo de producción
- Grupos de cuatro

Lectores
- Alumnos de la clase

◼ Escritura

Conociendo el género

1. Vamos a conocer las reglas de dos juegos – dominó y bingo – para ver modelos de reglas. Léelas.

DOMINÓ

Materiales:
- 28 fichas a partir del seis doble hasta el 0-0 (6-6, 6-5, 6-4, 6-3, 6-2, 6-1, 6-0, 5-5, 5-4, 5-3... 0-0).

Reglas:

Edad: A partir de los 6 años

Número de jugadores: De 2 a 4

Cómo jugar: Primero, cada jugador toma 7 fichas. Después, el jugador que tenga la ficha de 6 doble* o el que tenga el doble más alto empieza poniendo esa ficha en la mesa. Acto seguido, pondrá su ficha el jugador de la derecha. Sólo se puede colocar ficha si se tiene una con la misma puntuación. Si un jugador no tiene ficha con esos puntos tendrá que pasar. Por fin, ganará el que antes se quede sin fichas o el que se quede con la menor suma de puntos de las fichas que le queden.

¿Quién gana? El que antes se quede sin fichas o el que se quede con menos puntos.

BINGO

Materiales:
- Tarjetas numeradas.
- Bolsa con los numerales del 1 hasta el 99.
- Frijoles.

Reglas:

Edad: A partir de los 6 años

Número de jugadores: Más de 2

Cómo jugar: Primero, cada jugador toma una tarjeta. Después se elige al jugador que va a sacar las fichas de una en una de una bolsa. Al sacar cada ficha, dice el número que tiene la ficha en voz alta para que lo oigan todos los jugadores. Si un jugador tiene el número correspondiente a esa ficha en su tarjeta le pone encima un frijol. Al final, gana el que antes consiga poner un frijol en todos los números de su tarjeta.

¿Quién gana? El que antes consiga poner un frijol en todos los números de su tarjeta.

*En México se dice **mula de 6**.

2. Ahora, completa la tabla de abajo con las reglas del dominó y del bingo:

Reglas	Dominó	Bingo
¿Cuáles son los materiales usados?		
¿Quiénes pueden jugar?		
¿Cuántos pueden jugar?		
¿Quién gana al juego?		

3. Lee nuevamente la parte de las reglas que se llama "Cómo jugar". ¿Cuáles son las palabras que marcan la secuencia del juego? ¿Cuál es su importancia?
___
___

Planeando las ideas

Observa el juego de la memoria deportivo y contesta:

1. ¿Cuántas tarjetas de deportes hay?
___

2. ¿Hay alguna tarjeta repetida? ¿Por qué? Piensa en el nombre del juego para contestar esta pregunta.
___
___

3. ¿Cuántos jugadores crees que serían suficientes para jugar este juego?
___
___

ciento veintiuno 121

4. ¿Cómo se juega al juego de la memoria?
_____
_____
_____
_____

5. ¿Quién gana el juego?
_____

Taller de escritura

Formula colaborativamente, en grupos de cuatro, las reglas del juego de memoria deportivo, completando lo que falta:

(Re)escritura

Antes de reescribir las reglas, ¡a jugar!

Mientras juegas, intenta notar si en la parte "Cómo jugar" está todo explicado de forma satisfactoria para alguien que no conoce el juego o si falta alguna pista. Puedes intentar ilustrar esta parte. ¡Las imágenes les ayudarán muchísimo a los jugadores!

Habla

Lluvia de ideas

Para jugar al juego de memoria deportivo, hay que seguir algunos pasos:

1. Primero, los alumnos se dividirán en seis grupos distintos: polo acuático, balonvolea, baloncesto, fútbol, balonmano, béisbol.
2. Cada grupo buscará ocho imágenes de objetos materiales y lugares distintos que representen cada deporte. Ejemplo, si el deporte es el tenis, se pueden usar imágenes de una raqueta, una red, zapatillas, gorras y otros objetos que sean usados por el tenista. Se pueden encontrar en revistas o periódicos antiguos que nadie use más.
3. En cuanto el grupo encuentre las imágenes, recórtenlas y péguenlas en cartones más duros.
4. **¡Ojo!**: se necesitan dos copias de cada objeto y una caja para guardar las piezas y pegar las reglas.
5. Después, bajo cada imagen, escribe el nombre del objeto y del deporte correspondiente. Usa el diccionario portugués/español para ayudarte en la escritura.

Género textual
- Juego

Objetivo de habla
- Pronunciar las palabras del juego de memoria.

Tema
- Juego de memoria

Tipo de producción
- Grupos de cuatro

Oyentes
- Alumnos de la clase

Gustavo Kuerten (Guga)

Marcelo Magalhães Machado (Marcelinho)

Rueda viva: comunicándose

Vuelve a la subsección "Taller de escritura", al lado, y relee las reglas del juego de memoria. Pon tus fichas boca abajo en una mesa que esté libre.

Vamos a añadir una regla más al juego: cuando levantes una ficha, **tienes que pronunciar el nombre del objeto y el del deporte en el que se utiliza. Si el jugador no hace eso, pierde su turno**.

Ahora que ya tienes todo listo y ya sabes las reglas, ¡A jugar!

A quien no lo sepa

En la literatura hispanoamericana, hay un personaje muy famoso – Funes. Este personaje es de un cuento del escritor argentino Jorge Luis Borges. Funes tiene el apodo de "El Memorioso", pues se acordaba de todo.

Jorge Luis Borges nació en Buenos Aires, el 24 de agosto de 1899, y murió el 14 de julio de 1986, en Ginebra, Suiza. Fue un escritor de cuentos, poemas y ensayos.

Jorge Luis Borges

¡A concluir!

1. ¡A conocer el juego de memoria que hicieron los otros grupos! Cada grupo va a presentar su deporte y las fotos que usaron para hacer su propio juego. Además, un alumno va a escribir en la pizarra los nombres de los objetos. Pon atención en lo que cada grupo dice y escribe.

   Luego, en las imágenes siguientes, escribe los nombres del deporte y los de las cosas correspondientes:

    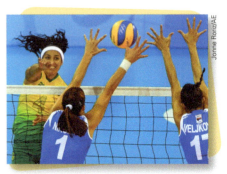
   _____ _____
   _____ _____

   _____ _____
   _____ _____

   _____ _____
   _____ _____

2. En el día a día, ¿cómo el juego de memoria puede ayudarte?
   _____
   _____

124   ciento veinticuatro

◼ Escucha

¿Qué voy a escuchar?

En un partido de fútbol no son solo los jugadores y los hinchas quienes participan del espectáculo. Hay los narradores, tanto en la radio como en la tele, que nos emocionan al narrar cada toque, cada arrancada, cada gol.

Ahora, vas a escuchar la narración del gol de Diego Maradona, jugador de la selección argentina en 1986, en un partido narrado por un famoso narrador deportivo uruguayo – Víctor Hugo Morales. Él ha dejado frases y párrafos memorables que permanecen en el argot colectivo: "tá, tá, tá... gooooooooooool", "no quieran saber, no le pregunten a nadie", "balas que pican cerca... la manzana está rodeada".

En parejas, intenta formular hipótesis antes de escuchar la narración. ¿Cuál sería la frase memorable con la que Víctor Hugo Morales caracteriza a Maradona?

Víctor Hugo Morales

Género textual
• Narración de un partido de fútbol

Objetivo de escucha
• Escuchar palabras específicas y relacionarlas con las imágenes.

Tema
• El fútbol y sus jugadas

Escuchando la diversidad de voces

🎧 13 Vas a escuchar tres veces la narración del gol de Diego Maradona ante Inglaterra en los cuartos de final del Mundial 86 en el Estadio Azteca de México. Donde se ha puesto una imagen, escribe la palabra que escuchas.

... ahí la tiene _____. Lo marcan dos. Pisa la _____

Maradona. Arranca por la derecha el _____ del fútbol mundial. Puede tocar para

Burruchaga, siempre Maradona, genio, genio, genio, **tá, tá, tá...**, goooooooooool ... quiero llorar...

¡Dios Santo!, ¡viva el fútbol!... golaaaaaaaazo, Dieeeeeego Maradona. Es para llorar, perdónenme. Mara-

dona en recorrida memorable, en la jugada de todos los tiempos... barrilete cósmico... ¿De qué

_____ viniste para dejar en el camino tanto inglés? Para que el país sea un puño aprieta-

do gritando por _____. Argentina 2,

Inglaterra 0. Diegol, Diegol, Diego Armando Maradona. Gra-

cias, Dios. Por el fútbol, por Maradona, por estas

_____... Por este Argentina 2, Inglaterra 0.

ciento veinticinco **125**

A quien no lo sepa

Cuando no había televisión, los partidos de fútbol solo eran narrados por la radio. Hay varias versiones sobre la fecha de la primera narración por la radio: 1927, en Inglaterra, partido entre Arsenal y Sheffield United; 1927, en Argentina, partido entre Sportivo Barracas y Estudiantil Porteño; 1924, cuando Horacio Seever narró el encuentro Argentina-Uruguay. Sea cual fuere la fecha exacta, la voz del narrador ha informado, emocionado y también indignado o entristecido a millones de aficionados en todo el mundo.

El español alrededor del mundo

En Argentina se llama **barrilete** a lo que en España y muchos otros países se denomina **cometa** y en México Cuba y Centroamérica **papalote**. En Uruguay se le dice también **pandorga**.

Comprendiendo la voz del otro

1. En la narración del gol que has escuchado hay marcas de la emoción del narrador. Saca del texto por lo menos tres palabras, expresiones o recursos que demuestren la intensa emoción de Víctor Hugo Morales.
   _____
   _____

2. Observa tanto en la escritura como en el audio la manera de escribir y hablar la palabra "Diegol"¿Cuáles son las dos palabras que se juntaron? ¿Qué efecto produjo esa junción?

3. En la narración hay algunas expresiones que sustituyen al nombre Maradona. Marca la que no se refiere a ese jugador:
   ( ) "genio del fútbol mundial"
   ( ) "Burruchaga"
   ( ) "barrilete cósmico"

4. ¿Qué significa la expresión "barrilete cósmico"? ¿Por qué la usa el narrador?
   _____
   _____

5. En la narración, Víctor Hugo Morales hace una pregunta "¿De qué planeta viniste para dejar en el camino tanto inglés?" ¿A quién le hace esa pregunta? Explícalo con elementos del texto.
   _____
   _____

6. ¿Cuáles son las palabras y expresiones en la narración que pertenecen al campo de significados del deporte fútbol? Escríbelas abajo:
   _____
   _____

7. En su narración, Victor Hugo Morales dijo **golazo**.
   a) ¿De qué palabra deriva **golazo**?
   _____

   b) Por el contexto de la narración, ¿crees que el sufijo **-azo** es un diminutivo o un aumentativo?
   _____

8. ¡A la computadora! El objetivo ahora es ver la parte del partido de fútbol que fue narrada. En internet, puedes acceder el sitio eletrónico <www.youtube.com.br/watch?v=RiYYSradplU> (acceso el 17 de febrero de 2011). En parejas, discute sobre la siguiente pregunta: ¿cuál es la diferencia entre escuchar la narración solamente en la radio y verla en la tele?

126 ciento veintiséis

Gramática en uso

El imperativo afirmativo

1. El imperativo es el modo verbal que se utiliza, dependiendo del contexto, para instruir, aconsejar, ordenar, permitir y rogar, entre otras funciones. En su narración, Víctor Hugo Morales dice "**perdónenme**". Y en el cartel al inicio de la unidad vemos el eslogan "¡**Haz** deporte y **disfruta**!". Estos verbos están en imperativo, pero en cada contexto cumplen una función específica. Marca la función del imperativo en cada frase:

   a) "Perdónenme"
   ( ) aconsejar ( ) permitir
   ( ) instruir ( ) rogar

   b) "¡**Haz** deporte y **disfruta**!
   ( ) aconsejar ( ) permitir
   ( ) instruir ( ) rogar

2. Ahora, imagina el contexto de las reglas del deporte balonvolea, en que se enseña cómo jugarlo. En el texto hay las siguientes frases: "¡**Haga** el saque inicial!" y "¡**Pase** el balón!" ¿Qué función cumplen los verbos destacados?

   _____

El imperativo se usa solamente con **tú**, **vos**, **usted**, **nosotros**, **vosotros** y **ustedes**. En la unidad 5 estudiamos algunos verbos en imperativo. Vamos a recordar lo aprendido y a aprender un poco más.

Formación del imperativo

Tú → se quita la **s** de presente de indicativo:

> Tú salta**s** muy alto. – **Salta** más alto.
> Tú abre**s** la guardia. – **Abre** la guardia.
> Tú escribe**s** la tarjeta. – **Escribe** la tarjeta.

Algunos verbos irregulares son:

> ir – ve   poner – pon   salir – sal   hacer – haz   decir – di   venir – ven   tener – ten   ser – sé

Usted → se cambian las vocales de la terminación del imperativo de **tú**.

> Habl**a** tú con ella. – Habl**e** usted con ella.
> Com**e** tú las manzanas. – Com**a** usted las manzanas.
> Viv**e** tú mejor. – Viv**a** usted mejor.

Ustedes → se añade una **n** al imperativo singular **usted**:

> Hable usted con ella. – Hable**n** ustedes con ella.
> Coma usted las manzanas. – Coma**n** ustedes las manzanas.
> Viva usted mejor. – Viva**n** ustedes mejor.

Nosotros → se añade la terminación **-mos** al imperativo de **usted**.

> Hable usted con ella. – Hable**mos** nosotros con ella.
> Coma usted las manzanas. – Coma**mos** nosotros las manzanas.
> Viva usted mejor. – Viva**mos** nosotros mejor.

Vosotros → se sustituye la **r** del infinitivo por una **d**:

> Canta**r** – Canta**d** vosotros.   Corre**r** – Corre**d** vosotros.
> Parti**r** – Parti**d** vosotros.

¡Ojo!

Tanto en el singular como en el plural del imperativo afirmativo, los pronombres van pospuestos al verbo.
- Cállate tú.
- Cállese usted.
- Callaos vosotros.
- Cállense ustedes.

3. A ver si aprendiste a conjugar los verbos en imperativo. Vas a leer algunos consejos que te ayudarán en las clases de Educación Física. Completa los huecos con el imperativo de **tú**. Consulta la "Chuleta lingüística" en la página 177.

a) _____ (ir) a clase con el uniforme adecuado.

b) _____ (calentar) siempre el cuerpo antes de la práctica deportiva.

c) Con la ayuda de tu profesor _____ (adecuar) los ejercicios a tus posibilidades.

d) _____ (beber) agua durante la actividad física para hidratarte.

e) _____ (ser) deportivo.

f) _____ (tener) respeto a los compañeros.

> ⏻ Véase también el **objeto educacional digital** "Reglas para un juego limpio".

g) Tras las actividades, si no puedes bañarte, _____ (lavarse) la cara, los brazos y las manos.

⚙ El español alrededor del mundo

Para interlocutores plurales, en América solo se emplea el pronombre **ustedes**. En España, por lo contrario, existe tanto el pronombre **vosotros** (interlocutores plurales conocidos) como el pronombre **ustedes** (interlocutores desconocidos). Apliquemos esto al imperativo: Canten ustedes (América); Cantad vosotros/Canten ustedes (España).

Oído perspicaz: el español suena de maneras diferentes

La *r* y la *rr*: sonido y escritura

¿Has observado la pronunciación de las letras **r** en la narración del gol de Maradona? Fíjate en las siguientes palabras sacadas de ella:

Maradona – derecha	tocar – llorar	arranca – Burruchaga	Argentina – Armando

En español hay un fonema /r/ y otro fonema /rr/. El primero se llama vibrante simple; el segundo, vibrante múltiple. Se llaman vibrantes porque se producen golpeando los alveolos superiores con la punta de la lengua. La /r/ se llama simple porque se pronuncia con un solo golpe; la /rr/ se llama múltiple porque se pronuncia con varios golpes rápidos de la punta de la lengua. Escucha cómo tu profesor(a) pronuncia las siguientes parejas y observa la diferencia de pronunciación de la /r/ y de la /rr/ (si lo necesitas, consulta el diccionario español/portugués):

pera / perra	caro / carro	mira / mirra	moro / morro

- Solamente escribimos **rr** entre vocales: perra, carro, mirra, morro.
- Al principio de una palabra se escribe siempre **r** (simple) y **se pronuncia** siempre como/rr/ (múltiple): ramo [pronunciación: rrámo], reto [rréto], risa [rrísa].
- Después de **n** se escribe siempre **r** y **se pronuncia** /rr/: Enrique [enrrike].
- Al final de sílaba o de palabra **se escribe** siempre **r** y **puede pronunciarse** [r] o [rr]: cantar [kantár] o [kantárr].

🎧 **14** Escucha y escribe **r** o **rr**.

a) Ba _____ ilete

b) Pe _____ o

c) Pe _____ o

d) Co _____ azón

e) _____ amón

f) A _____ iesga _____

CULTURAS EN DIÁLOGO

nuestra cercanía

Muchos afirman que el fútbol es un arte. Muchos hicieron y hacen arte con ese arte a través de pinturas, esculturas, poemas, himnos y otras manifestaciones artísticas. Veamos algunas.

1. Observa las pinturas abajo y, como si fueras el pintor, dale un nombre a cada una de las obras.

Pintura 1

Pintura 2

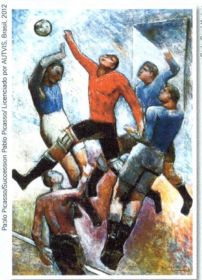

Pintura 3

Sacadas de: <http://<arelarte.blogspot.com/2010/07/arte-y-deporte-homenaje-al-futbol.html>. Acceso el 2 de diciembre de 2010.

2. Ahora, observa una vez más las pinturas y relaciónalas con su autor, nombre, país y año.

Pintura 1   Dieter Asmus: *El guardameta*, Alemania, 1970.
Pintura 2   Pablo Picasso: *Futbolista*, España, 1935.
Pintura 3   Carlo Carrà: *Partido de fútbol*, Italia, 1934.

A quien no lo sepa

Dieter Asmus (1939-), pintor alemán, junto al grupo Cebra, tomó sus raíces del fotorrealismo. Utiliza ocasionalmente la fotografía para copiar partes de algunas imágenes.

Carlo Carrà (1881-1966), pintor italiano, fue una figura destacada tanto de la pintura futurista como de la metafísica.

Pablo Picasso (1881-1973), pintor español, considerado uno de los mayores artistas del siglo XX, participó de la génesis del cubismo, movimiento artístico que ejerció una gran influencia en otros grandes artistas de su tiempo.

Nota

Aunque cada uno de esos pintores tenga su ideología, el amor al fútbol es compartido a través del arte.

ciento veintinueve   129

CULTURAS EN DIÁLOGO

3. En la pintura 1, ¿dónde está la pelota? ¿Qué efecto produce su ubicación?
_____
_____

4. En la pintura 2, ¿cuál es la meta de todos los jugadores?
_____

5. En la pintura 3, ¿por qué la pelota es tan grande?
_____
_____

6. Lee los siguientes fragmentos de algunos himnos de equipos de fútbol:

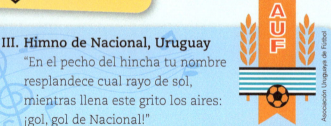

I. Himno de Barcelona, España
"Azulgrana al viento,
un grito valiente,
tenemos un nombre,
lo sabe todo el mundo:
¡Barça!, ¡Barça!, ¡Baaaarça!"

II. Himno de Boca Juniors, Argentina
"Boca Juniors, Boca Juniors,
¡Gran campeón del balompié,
que despierta en nuestro pecho
entusiasmo, amor y fe!"

III. Himno de Nacional, Uruguay
"En el pecho del hincha tu nombre
resplandece cual rayo de sol,
mientras llena este grito los aires:
¡gol, gol de Nacional!"

a) ¿Hay semejanzas entre los himnos de estos equipos de fútbol? ¿Cuáles?
_____
_____

b) Organiza a la clase en dos grupos: las chicas de un lado y los chicos de otro. Cada equipo creará el estribillo del equipo de fútbol masculino y femenino de la escuela. **¡Ojo!**: si el equipo masculino y el femenino todavía no tienen nombre hay que crearlo antes.

A quien no lo sepa

Barça es la abreviación de la pronunciación de **Barcelona**, en catalán. **Barcelona** es el nombre de una de las ciudades más importantes de España que pertenece a la Comunidad Autónoma de Cataluña. Allí se habla también el catalán, que tiene la letra ç (ce con cedilla) en su alfabeto.

¿LO SÉ TODO? (AUTOEVALUACIÓN)

Lectura	¿Comprendo bien las reglas de un juego y sé cumplirlas?	¿Sé las tarjetas que se aplican en caso de amonestación y de expulsión?	En el día a día en sociedad, ¿qué conductas merecen tarjeta roja?
Escritura	¿Logré producir las reglas del juego de memoria?	¿Soy un memorioso?	¿Quiénes son los prodigios de la memoria en mi grupo?
Escucha	¿Quién es y dónde nació Diego Maradona?	¿Te gustó la narración de Víctor Hugo Morales?	¿Sé pronunciar las erres en español?
Habla	¿Pronuncio y escribo bien las eres y erres en español?	¿Mi pronunciación está mejorando?	¿Sé jugar el juego de memoria?
Gramática	¿Qué preposiciones en español ya he aprendido?	¿Uso bien las conjunciones **y** (e) y **o** (u)?	¿Sé usar el imperativo?
Vocabulario	¿Sé qué significan las palabras **cancha**, **hincha**, **pelota** y **pitido**?	¿Cuáles son las funciones de los jugadores de fútbol en español?	¿Ya sé el nombre de muchos deportes en español? A ver...
Cultura	¿Qué es un lienzo?	¿Quiénes son Pablo Picasso, Carlo Carrá y Dieter Asmus?	¿Qué himnos de equipos de fútbol del mundo hispánico conozco yo?
Reflexión	¿Respeto las reglas?	¿Soy deportivo?	¿Me gustan los deportes y los juegos?

GLOSARIO VISUAL

Palabras en contexto

¿Sigues los Mundiales de Fútbol? Después de un partido de la selección española, algunos hinchas hacen comentarios sobre los jugadores.

Estamos muy felices. ¡Nuestra selección ganó el Mundial de 2010!

¡Los delanteros hicieron muchos golazos!

¿Y el guardameta?

¡Fue la pared de la cancha!

Los de la defensa estuvieron atentos a las entradas del equipo adversario.

¿Y el entrenador? Comandó a la selección hacia la victoria.

Nuestra camisa es nuestro honor. Mira qué bonita, con los colores rojo, azul y amarillo. ¡Viva el fútbol!

Palabras en imágenes

hinchada   césped   pelota/balón   juez   guardameta

ciento treinta y uno **131**

Repaso: ¡juguemos con el vocabulario y la gramática!

Unidades 5 y 6

Individual

1. Rellena el crucigrama con el imperativo afirmativo irregular de los verbos siguientes.

   Horizontales
   1. poner (usted).
   2. venir (tú).
   3. hacer (tú).
   4. salir (usted).
   5. tener (usted).
   6. ir (tú).

   Verticales
   1. poner (tú).
   2. ir (usted).
   3. venir (usted).
   4. hacer (usted).
   5. salir (tú).
   6. tener (tú).

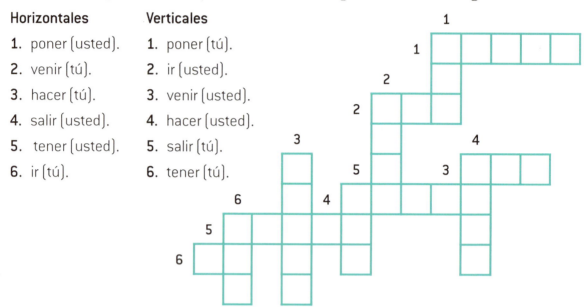

2. ¿Te acuerdas del uso de las conjunciones **y/e** y **o/u**? En las fichas abajo, tienes que completar el nombre de las palabras que corresponden al diseño y, además, elegir qué conjunciones usarás.

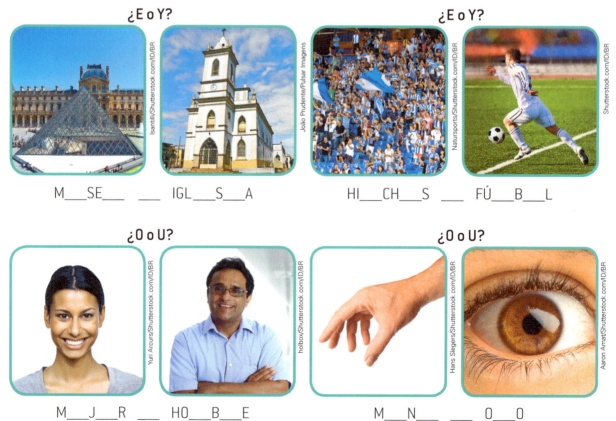

¿E o Y? M___SE___ ___ IGL___S___A

¿E o Y? HI___CH___S ___ FÚ___B___L

¿O o U? M___J___R ___ HO___B___E

¿O o U? M___N___ ___ O___O

132 ciento treinta y dos

En parejas

¡Juguemos con las preposiciones! En un cartón, escribe los nombres puestos abajo y recórtalos. Luego, haz dos montes y baraja las fichas. En parejas, uno saca una ficha de cada monte, formula una frase y devuelve la tarjeta al monte nuevamente. El que logre formar más frases correctas gana el juego.

Monte 1	DESDE	DE	HASTA	A	HACIA

Monte 2	DESAYUNO	GOL	CENA	CUBA	DOMINÓ

En grupos

¿Te gusta ir al súper con tus padres? El juego de tablero será una lista de compras. Para llegar al cajero, hay que pasar por las góndolas y cumplir determinadas tareas (decir el nombre de la comida o bebida que aparecen diseñadas). Vas a necesitar un dado y que jueguen contigo dos colegas más, cada uno con su moneda, que servirá como ficha.

ciento treinta y tres 133

7 Derecho y justicia: ¡a protestar en contra de los prejuicios!

En esta unidad...

... reflexionaremos sobre los derechos humanos, conoceremos textos legales, aprenderemos la importancia de defender nuestros derechos y de cumplir nuestros deberes. Al final podremos contestar a las preguntas: ¿Conozco las normas de mi colegio? ¿Soy un ciudadano consciente?

¡Para empezar!

1. Lee el cartel sobre trabajo de la Organización Internacional del Trabajo (OIT) y discute con tus compañeros:
   a) ¿Qué relación se puede hacer entre el cartel y el título de esta unidad?
   b) ¿Cuál es el objetivo del cartel?
   c) ¿Qué significan los objetos que aparecen en el cartel?
   d) Según la campaña, ¿qué es un trabajo decente?
   e) ¿Qué significa igualdad de género?
   f) ¿Cómo se posicionan las personas del afiche frente al lector del mismo? ¿Esas personas se parecen? ¿Crees que pertenecen a la misma cultura?

2. Ahora, relaciona el cartel con la campaña "¡Cuidado! El machismo mata", de la Red Chilena contra la Violencia Sexual y Doméstica.

3. ¿Crees que hay profesiones exclusivas de hombres y otras exclusivas de mujeres? ¿Por qué?

> **Transversalidad**
> Aquí el tema transversal es el respeto a los derechos de los demás y el cumplimiento de nuestros deberes.

ciento treinta y cinco **135**

Género textual
- Texto de ley

Objetivo de lectura
- Identificar los derechos que no son cumplidos en el entorno del alumno.

Tema
- Derechos humanos

Lectura

Almacén de ideas

1. Observa el siguiente cartel:

Sacado de: <http://ciervalengua.wordpress.com/?s=derechos+humanos>.
Acceso el 17 de febrero de 2011.

   a) ¿Qué representan las palabras cerca de los rostros de las personas?
   _____
   _____

   b) ¿Cuál es el mensaje del cartel? ¿Cómo lo interpretas?
   _____
   _____

2. ¿Sabías que existe un documento que se intitula *Declaración Universal de los Derechos Humanos*? Piensa: ¿Si existe ese documento, por qué se hacen necesarias las campañas como la que leímos anteriormente?
   _____
   _____
   _____
   _____

3. Vas a leer los primeros cinco artículos de esa Declaración. ¿Qué derechos esperas leer en ellos?
   _____
   _____

A quien no lo sepa

Declaraciones son documentos que precisan los derechos colectivos e individuales que se necesitan defender y garantizar universalmente. La Organización de las Naciones Unidas (ONU) emite declaraciones en las que se presenta la adopción de normas y compromisos internacionales, acordados en conjunto y destinados a proteger y promover los derechos humanos.

Red (con)textual

La *Declaración Universal de los Derechos Humanos* tiene treinta artículos. Seleccionamos para tu lectura los cinco primeros. Tu objetivo es leerlos y señalar los derechos que a ti te parece que no son cumplidos en tu ciudad.

Declaración Universal de los Derechos Humanos

Adoptada y proclamada por la Resolución de la Asamblea General 217 A (III) del 10 de diciembre de 1948.

[...]

La Asamblea General proclama la presente

Declaración Universal de Derechos Humanos como ideal común por el que todos los pueblos y naciones deben esforzarse, a fin de que tanto los individuos como las instituciones, inspirándose constantemente en ella, promuevan, mediante la enseñanza y la educación, el respeto a estos derechos y libertades, y aseguren, por medidas progresivas de carácter nacional e internacional, su reconocimiento y aplicación universales y efectivos, tanto entre los pueblos de los Estados Miembros como entre los de los territorios colocados bajo su jurisdicción.

Artículo 1º

Todos los seres humanos nacen libres e iguales en dignidad y derechos y, dotados como están de razón y conciencia, deben comportarse fraternalmente los unos con los otros.

Artículo 2º

1. Toda persona tiene todos los derechos y libertades proclamados en esta Declaración, sin distinción alguna de raza, color, sexo, idioma, religión, opinión política o de cualquier otra índole, origen nacional o social, posición económica, nacimiento o cualquier otra condición.

2. Además, no se hará distinción alguna fundada en la condición política, jurídica o internacional del país o territorio de cuya jurisdicción dependa una persona, tanto si se trata de un país independiente, como de un territorio bajo administración fiduciaria, no autónomo o sometido a cualquier otra limitación de soberanía.

Artículo 3º

Todo individuo tiene derecho a la vida, a la libertad y a la seguridad de su persona.

Artículo 4º

Nadie estará sometido a esclavitud ni a servidumbre; la esclavitud y la trata de esclavos están prohibidas en todas sus formas.

Artículo 5º

Nadie será sometido a torturas ni a penas o tratos crueles, inhumanos o degradantes.

[...]

Sacado de: <www.cinu.org.mx/onu/documentos/dudh.htm>. Acceso el 3 de noviembre de 2011.

A quien no lo sepa

Leyes son normas jurídicas creadas por un legislador en consonancia con el sentido de justicia para controlar la conducta humana y contribuir con el orden social.

Tejiendo la comprensión

1. ¿Se cumplen efectivamente los derechos de la *Declaración*? ¿Cuáles te parece que no se cumplen? ¿Por qué ocurre eso?

_____

_____

_____

_____

_____

2. En tu opinión, ¿cuál es la mejor forma de prevenir violaciones a los derechos humanos?

_____

_____

_____

_____

_____

_____

3. La *Declaración de los Derechos Humanos* es un texto:

 ( ) periodístico.

 ( ) publicitario.

 ( ) jurídico.

4. En la *Declaración* vemos algunos ejemplos de situaciones que se pueden considerar justas y de otras que son injustas. Vuelve a los artículos y selecciona situaciones de justicia y de injusticia.

Lo justo	Lo injusto
_____	_____
_____	_____
_____	_____
_____	_____
_____	_____
_____	_____
_____	_____

5. Tratamos de los derechos humanos, ¿correcto? Ahora vas a leer en la página siguiente los cinco primeros Derechos de los Niños y Niñas propuestos por Unicef, una organización de la ONU cuya misión es proteger los derechos de niños y niñas.

Declaración de los Derechos del Niño

Aprobada por la Asamblea General de las Naciones Unidas el 20 de noviembre de 1959.

Artículo 1º
El niño disfrutará de todos los derechos enunciados en esta declaración. Estos derechos serán reconocidos a todos los niños sin excepción alguna ni distinción o discriminación por motivos de raza, color, sexo, idioma, religión, opiniones políticas o de otra índole, origen nacional o social, posición económica, nacimiento u otra condición, ya sea del propio niño o de su familia.

Artículo 2º
El niño gozará de una protección especial y dispondrá de oportunidades y servicios, dispensado todo ello por la ley y por otros medios, para que pueda desarrollarse física, mental, moral, espiritual y socialmente en forma saludable y normal, así como en condiciones de libertad y dignidad. Al promulgar leyes con este fin, la consideración fundamental a que se atenderá será el interés superior del niño.

Artículo 3º
El niño tiene derecho desde su nacimiento a un nombre y a una nacionalidad.

Artículo 4º
El niño debe gozar de los beneficios de la seguridad social. Tendrá derecho a crecer y desarrollarse en buena salud; con este fin deberán proporcionarse, tanto a él como a su madre, cuidados especiales, incluso atención prenatal y postnatal. El niño tendrá derecho a disfrutar de alimentación, vivienda, recreo y servicios médicos adecuados.

Artículo 5º
El niño física o mentalmente impedido o que sufra algún impedimento social debe recibir el tratamiento, la educación y el cuidado especiales que requiere su caso particular.

Sacado de: <www.margen.org/ninos/derech4lhtml>. Acceso el 3 de noviembre de 2011.

a) ¿Con qué artículo de la Declaración Universal de los Derechos Humanos está relacionado el artículo 1º de la Declaración de los Derechos del Niño?

b) ¿Por qué crees que se hizo necesaria una Declaración de los Derechos Humanos exclusivamente para niños y niñas?

c) Piensa en ti y en los demás niños que conoces. ¿Tienen garantizados todos ellos esos derechos?

ciento treinta y nueve   139

6. En conmemoración al décimo aniversario de la Convención de los Derechos Humanos, Quino, humorista y dibujante argentino, ha ilustrado los *10 Derechos de los Niños y Niñas* a través de los comentarios de Mafalda y sus amiguitos. Lee uno de esos derechos en la viñeta siguiente.

¡¡YO QUERÍA LLAMARME BATMAN!! ¡¡Y ADEMÁS SER SUIZO, PARA COMER CHOCOLATE TODO EL DÍA!!

Joaquín Salvador Lavado - Quino/ Archivo del artista

Sacado de: <www.cuervoblanco.com/Mafalda/mafalda_final.html>. Acceso el 21 de febrero de 2011.

a) ¿Cuál es el derecho comentado por el personaje?

_____

_____

b) ¿Crees que se cumple ese derecho en Brasil? ¿Todos tienen un documento que los identifique con un nombre y una nacionalidad?

_____

_____

_____

c) ¿Qué relación hay entre el derecho y el comentario del personaje? ¿Te has reído al leer la viñeta?

_____

_____

_____

_____

d) Ponte en el lugar del personaje e intenta hacer una broma. Completa la frase:

¡Yo quería llamarme _____ ! ¡Y además ser _____ , para

_____

_____ !

Gramática en uso

Artículos definidos e indefinidos

1. ¿Sabes por qué se usa el artículo **los** antes de la expresión Derechos Humanos en la declaración? Observa el nombre de la declaración con y sin el artículo **los**:

> Declaración Universal de los Derechos Humanos
> Declaración Universal de Derechos Humanos

Hay diferencia de sentido entre esas dos frases. ¿Cuál?

_____

_____

2. En "Declaración Universal de los Derechos Humanos", el artículo **los** es:

( ) masculino singular.   ( ) femenino singular.

( ) masculino plural.   ( ) femenino plural.

3. Tras observar el nombre de algunas declaraciones, completa la tabla de los artículos definidos:

Declaración de la Independencia Argentina.
Declaración de las Naciones Unidas.
Declaración del Milenio.

Artículos definidos		
	Masculino	Femenino
Singular		
Plural		

El artículo definido o determinado también tiene la función de tratar de algo ya conocido por los interlocutores o ya referido en el contexto; esto es, algo que ya se ha mencionado antes:

¿Dónde están **los** chicos? (Ya sabemos quiénes son los chicos.)

Con palabras femeninas se usan los artículos femeninos:

¿Vamos juntos a **la** escuela?   Pablo es hijo de **la** vecina.

¡Ojo!

Véase también el **objeto educacional digital** "Derechos y justicia".

Se usan las contracciones junto a las palabras masculinas: a + el = al ➡ *¿Vamos juntos al partido?*

de + el = del ➡ *Pablo es hijo del vecino.*

Por el contrario, el artículo indefinido o indeterminado introduce algo que aparece por primera vez en el discurso, esto es, que se menciona por primera vez:

Han venido aquí unos chicos... Creo que te buscaban...
(Se tratan de chicos todavía desconocidos para el que habla.)

Artículos indefinidos		
	Masculino	Femenino
Singular	un	una
Plural	unos	unas

Por razones de **eufonía**, el artículo definido femenino singular **la** se converte en **el** cuando el sustantivo que le sigue comienza por **a** o **ha** tónicas. No se dice ni se escribe "la alma" o "la hada" sino **el alma** o **el hada**.

4. ¡A practicar! Rellena los espacios con **el** o **la**.

a) _____ amiga   c) _____ aventura   e) _____ águila

b) _____ agua   d) _____ habla   f) _____ armonía

¡Ojo!

• No se cambia el artículo si el sustantivo que le sigue comienza por **a** átona: no se dice ni se escribe "el arena" sino **la arena**, porque la **a-** inicial de **arena** es átona.

• Tampoco se cambia el artículo si lo que le sigue no es un sustantivo sino un adjetivo que comienza por **a-** tónica: no se dice ni se escribe "el ágil liebre", sino **la ágil liebre**.

ciento cuarenta y uno   141

Cuantificadores

5. Vuelve a la *Declaración Universal de los Derechos Humanos* y observa: ¿cómo empiezan los artículos de 1 al 5?

_____

Lee nuevamente los artículos a continuación y reflexiona: ¿para qué sirven las palabras **todo** y **nadie**?

> *Artículo 3º*
> **Todo** individuo tiene derecho a la vida, a la libertad y la seguridad de su persona.
> *Artículo 4º*
> **Nadie** estará sometido a esclavitud ni a servidumbre; la esclavitud y la trata de esclavos están prohibidas en todas sus formas.

_____

Los cuantificadores se utilizan para tratar de objetos que seleccionamos de un conjunto. Podemos usarlos con el sustantivo al que se refieren (**¿Tienes alguna duda?**) o sin el sustantivo, cuando ya se sabe en el contexto de qué se trata (**No, ninguna. Está todo aclarado.**).

- **Nadie, alguien, algo** y **nada** son invariables.

  > ¿**Alguien** viene a la fiesta? (alguna persona)   ¡Mira! Hay **algo** raro moviéndose allí. (alguna cosa)
  > No, **nadie** podrá venir. (ninguna persona)   No veo **nada**. (ninguna cosa)

- En masculino singular y sin la compañía de un sustantivo, **todo** significa "todas las cosas".

  > **Todo** está muy diferente.

- Se usan **ningún** y **algún** antes de sustantivos masculinos singulares. **Ninguno** y **alguno** se usan sin sustantivos o después de sustantivos masculinos singulares.

  > ¿Has visto **algún** chico por allí?   ¿Estás seguro de que no has visto a **ningún** chico?
  > No, **ninguno**.   Quizá he visto a **alguno**. Pero no me acuerdo bien.

- Muchas veces las formas **cada** y **todos/as** equivalen en español.

  > **Cada año** mi familia y yo vamos a una playa distinta.
  > **Todos los años** mi familia y yo vamos a una playa distinta.

  Pero, algunas veces, se pone **cada** para resaltar la individualidad y **todos/as** cuando interesa más la generalidad.

  > ¿Se van **todos los veranos** a la misma playa?
  > No, **cada verano** vamos a una playa distinta.

Escritura

Conociendo el género

En muchas escuelas, hay un manual donde se establecen los deberes y los derechos de los estudiantes. En el Liceo Municipal Peñaflor, en Chile, en su Manual del Estudiante, hay 23 derechos y 21 deberes. ¡A leer dos derechos y dos deberes de los estudiantes de ese Liceo.

Género textual
- Manual del Estudiante

Objetivo de escritura
- Crear los derechos y deberes en el aula de español.

Tema
- Derechos y deberes de los alumnos

Tipo de producción
- Grupos

Lectores
- Todos los de la clase

Derechos

(...)

2. Recibir una educación media integral, de calidad y excelencia, que favorezca su desarrollo personal, profesional, moral y social.

(...)

8. Disfrutar de un ambiente sano, limpio, cómodo y seguro para realizar sus trabajos escolares, donde prevalezca el respeto mutuo entre todos los miembros de la comunidad escolar.

Deberes

(...)

2. Asistir diariamente a clases cumpliendo puntualmente con los horarios y responsabilidades establecidas.

(...)

6. Demostrar un trato cortés y un lenguaje respetuoso en su comunicación con los miembros de la comunidad educativa.

Sacado de: <http://liceob121.cl/descargas/manual_de_convivencia.pdf>.
Acceso el 18 de febrero de 2011.

A quien no lo sepa

El Manual del Estudiante es un documento de la escuela con informaciones sobre la institución, sus objetivos y contenidos. Además, se exponen las reglas y normas que tiene que seguir cada miembro de la comunidad educativa. Normalmente, contiene los derechos y los deberes de los alumnos.

1. En tu escuela, ¿hay un Manual del Estudiante? ¿Lo has leído? ¿Sabes tus derechos y deberes?
   _____

2. Basándote en los dos derechos y deberes del Liceo Municipal Peñaflor, en Chile, reflexiona sobre la realidad de tu escuela. ¿Crees que cumples tus deberes? ¿Tu escuela te asegura tus derechos?
   _____
   _____
   _____
   _____
   _____

ciento cuarenta y tres 143

Gramática en uso

Leyes y normas: el infinitivo

Has observado que, al iniciar los derechos y deberes, existen algunos verbos: **recibir**, **disfrutar**, **asistir** y **demostrar** en infinitivo, o sea que no están conjugados. En ese contexto, el uso del infinitivo tiene la función de:

( ) instruir.   ( ) aconsejar.

Intenta elaborar tres normas para tu clase de español con verbos en infinitivo. Otros verbos que te pueden ayudar:

respetar – conocer – velar – cumplir – mantener – resguardar – participar – ser

Ejemplo: *Respetar a la profesora...*

1. _____
2. _____
3. _____

Planeando las ideas

Vamos ahora a escribir entre todos un Manual de la Clase de Español ilustrado que contenga los derechos y deberes de nuestra clase de español. ¡A planear nuestro manual! Pero antes reflexiona:

- ¿Qué normas se hacen más necesarias en un aula? ¿Por qué?
- ¿Qué objetivos educativos se puede añadir a nuestro manual?
- Piensa en objetivos específicos para la asignatura de español.

Taller de escritura

Nuestro Manual del Estudiante debe tener seis derechos y seis deberes ilustrados con dibujos o fotos. Vamos a escribirlo y a dibujarlo entre todos. Dividiendo a la clase en seis grupos, cada grupo va a ser responsable de una tarea:

Grupo 1: Elaborar una pequeña introducción para el manual que describa el objetivo del documento.

Grupo 2: Elaborar los derechos 1, 2 y 3.

Grupo 3: Elaborar los derechos 4, 5 y 6.

Grupo 4: Elaborar los deberes 1, 2 y 3.

Grupo 5: Elaborar los deberes 4, 5 y 6.

Grupo 6: Elaborar una pequeña conclusión para el manual, destacando su importancia.

(Re)escritura

Ahora, hay que leer todos los derechos y los deberes que cada grupo ha escrito y comprobar si son coherentes; verificar si hay repeticiones y corregirlas; escribir los derechos y deberes en una hoja para pegarla en la agenda o en el cuaderno de español.

144   ciento cuarenta y cuatro

■ Escucha

¿Qué voy a escuchar?

El artículo 23 de la *Declaración de los Derechos Humanos* dice respecto al derecho al trabajo. Lee el siguiente fragmento:

> **Artículo 2º**
> **1.** Toda persona tiene derecho al trabajo, a la libre elección de su trabajo, a condiciones equitativas y satisfactorias de trabajo y a la protección contra el desempleo.
>
> Sacado de: <www.cinu.org.mx/onu/documentos/dudh.htm>. Acceso el 17 de febrero de 2011.

Género textual
- Encuesta

Objetivo de escucha
- Comprender qué profesiones están presentes en el audio.

Tema
- Profesiones

Basándote en este artículo y en el título del audio que vas a escuchar ("Yo quiero ser bombera"), ¿qué esperas oír en él?

_____

Escuchando la diversidad de voces

1. 🎧 15 Mientras escuchas la encuesta, fíjate en las profesiones que aparecen en ella y apunta las que logres escuchar.

_____
_____

2. 🎧 15 Escucha una vez más el audio ahora siguiendo la transcripción. Haz un círculo alrededor de las profesiones para comprobar todas las que se citan en el audio y contesta: ¿Cuántas son las profesiones?

_____
_____
_____

Yo quiero ser bombera

Reportera: Estoy en el colegio secundario La Nacional. Los alumnos y las alumnas tienen recreo. Voy a conversar con un grupo de chicas...

[Efecto bullicio de recreo]

Reportera: Y ustedes... ¿en qué grado están?
Chica 1: En el último año, señorita periodista. Ya estamos terminando.
Reportera: ¿Y qué piensan hacer después?
Chica 1: Yo estudiaré mecánica.
Chica 2: Yo quiero ser aviadora.
Chica 3: Yo sueño con construir carreteras. Estudiaré ingeniería.

[Control música juvenil]

Locutor: Definitivamente, los tiempos han cambiado. Hace una década, las jovencitas hubieran preferido profesiones más "femeninas".

ciento cuarenta y cinco **145**

LOCUTORA: Pero ahora, las muchachas modernas escogen para su vida ocupaciones que sus madres ni siquiera hubieran imaginado.

MADRE: Pero, Silvia, ¿cómo que bombera?... Necesitas tener mucha fuerza, tú eres flaca. Hay que enfrentarse al peligro, salir a cualquier hora de la casa. Eso es cosa de hombres.

LOCUTOR: Existen muchos prejuicios que descalifican a las mujeres para las llamadas profesiones masculinas.

LOCUTORA: Dicen que las mujeres se resisten a supervisar el trabajo de otros y, por lo tanto, no pueden ser jefas, ministras y ni presidentas.

LOCUTOR: Dicen que las mujeres tienen menos aptitudes para las matemáticas y que no pueden ser científicas, ni ingenieras, ni astronautas.

LOCUTORA: Que como tienen hijos, no pueden viajar ni ausentarse de su casa.

LOCUTOR: Y como son miedosas y tienen menos fuerza física, no pueden ser mecánicas, ni electricistas, oficialas de barco ni choferas.

LOCUTORA: Puros prejuicios. Ni masculinas ni femeninas. Cualquier profesión puede ser desempeñada igualmente por hombres o por mujeres.

[*Control golpe musical*]

MADRE: Pero, Silvia. Tú eres muy bonita, podrías ser una buena relacionista pública, una modelo. Tantas profesiones modernas para chicas como tú.

CHICA: ¡Bombera, mamá!... Bom-be-ra.

LOCUTORA: Las jóvenes ya no están dispuestas a seguir siendo relegadas de profesiones que los varones han acaparado.

[*Efecto sierras, camiones*]

JOVEN INGENIERA: Hace 2 años que trabajo en la represa y tengo a mi cargo 50 trabajadores. Al principio, los ingenieros y los obreros me miraban con desconfianza. Ahora ya no, se olvidaron que soy mujer.

[*Control bullicio de colegio*]

REPORTERA: Es increíble. De 20 chicas entrevistadas en el colegio La Nacional, 15 respondieron que estudiarían profesiones "masculinas". ¿Será una excepción este colegio?... Y en el tuyo, ¿cómo es?

[*Control música de cierre*]

LOCUTORA: Ciudadanas con plenos derechos. Un mensaje por el Día Internacional de la Mujer con el apoyo de Unesco.

Revista Internacional del Trabajo, OIT. <www.ilo.org/public/spanish/support/publ/revue/articles/ank97-3.htm>. Sacado de: <www.radialistas.net/clip.php?id=170005>. Acceso el 17 de febrero de 2011.

Comprendiendo la voz del otro

1. ¿Qué papel cumplen los nombres con dos puntos (Locutora:, Mamá:, Chica 1:) que aparecen en la transcripción del audio?

2. ¿Por qué se usan marcas en la transcripción, como por ejemplo "Efecto bullicio de recreo" y "Control bullicio de colegio"?

3. ¿Quiénes son las encuestadas?

4. ¿Qué tipo de profesiones prefieren las encuestadas?

_____

_____

5. ¿Cómo se llama la chica que quiere ser bombera? ¿Por qué su madre no la quiere bombera?

_____

_____

6. La locutora de la radio, al final, hace un homenaje a un día muy especial. ¿Qué día es ese?

_____

Oído perspicaz: el español suena de maneras diferentes

Las *eses* aspiradas

En español la consonante /s/ se articula poniendo la lengua en los alveolos superiores y produciendo un cierto silbido con la salida del aire. Sin embargo en ciertas regiones algunas eses se pronuncian más suavemente, sin colocar la lengua en los alveolos, sin producir silbido, dejando salir libremente el aire. Ese tipo de **eses** se llaman en fonética eses **aspiradas** y se transcriben con una **[h]**. En el audio de esta unidad, algunas de las personas que intervienen tienen **eses** aspiradas.

🎧 **16** Vuelve a oír el audio y fíjate en las eses que se señalan como aspiradas **[h]** en los siguientes fragmentos:

> **Chica 1:** En el último año, señorita periodi**h**ta. Ya e**h**tamos terminando.
>
> **Chica 1:** Yo e**h**tudiaré mecánica.
>
> **Mamá:** Pero, Silvia. Tú ere**h** muy bonita, podrías ser una buena relacionista pública, una modelo. Tanta**h** profesione**h** modernas para chica**h** como tú.
>
> **Joven Ingeniera:** Hace do**h** año**h** que trabajo en la represa y tengo a mi cargo 50 trabajadores. Al principio, los ingenieros y lo**h** obreros me miraban con de**h**confianza. Ahora ya no, se olvidaron que soy mujer.
>
> **Reportera:** Es increíble. De 20 chicas entrevistada**h** en el colegio La Nacional, 15 respondieron que estudiarían profesiones "masculinas".

🎧 **17** A escuchar y a producir sonidos de la consonante /s/ de dos maneras! Todos los de la clase juntos.

Eses con silbido con la salida del aire	Eses aspiradas sin producir silbido
E**s**tamos	E**s**tamos
E**s**cuela	E**s**cuela
De**s**confianza	De**s**confianza

Género textual
- Encuesta

Objetivo de habla
- Saber qué profesiones prefieren las alumnas y los alumnos de la clase.

Tema
- Profesiones

Tipo de producción
- En parejas

Oyentes
- Alumnos de la clase

◼ Habla

Lluvia de ideas

1. Muchas veces, las personas eligen su profesión de acuerdo con las asignaturas que les gustan más. ¿Qué asignaturas te gustan más a ti? Marca tus tres primeras opciones.

   ( ) Artes   ( ) Matemáticas   ( ) Informática
   ( ) Educación Física ( ) Literatura   ( ) Filosofía
   ( ) Historia   ( ) Geografía   ( ) Español
   ( ) Ciencias   ( ) Teatro   ( ) Portugués

2. Imagina qué profesión te gustaría seguir. Marca con una X tres posibilidades. Antes, todos juntos, con la ayuda de su profesor(a), pronunciarán en voz alta las siguientes palabras.

   ( ) Bombero(a)   ( ) Payaso(a)   ( ) Contable
   ( ) Dentista   ( ) Mecánico(a)   ( ) Arquitecto(a)
   ( ) Cocinero(a)   ( ) Informático(a) ( ) Político(a)
   ( ) Peluquero(a)   ( ) Fontanero(a)   ( ) Escritor(a)
   ( ) Deportista   ( ) Ebanista   ( ) Cantante

Rueda viva: comunicándose

¿Y en tu clase? ¿Las chicas prefieren profesiones consideradas "masculinas"? ¿Y los chicos? Vamos a hacer una encuesta. Vamos a dividir a la clase en parejas y uno va a encuestar al otro: ¿qué deseas ser de grande? Si no sabes cómo se dice la profesión en español, búscala en el diccionario bilingüe.

Escribe la profesión en el siguiente espacio: _____

¡A concluir!

¡A ver qué profesiones prefieren los chicos y las chicas de nuestra clase!

1. Cada uno dirá en voz alta la siguiente frase:

   Mi compañero(a) ... desea ser ...

2. ¿Tu clase es una excepción? ¿Las chicas prefieren profesiones consideradas "masculinas"? Y los chicos, ¿qué tipo de profesiones han elegido?

   _____
   _____
   _____

148   ciento cuarenta y ocho

CULTURAS EN DIÁLOGO

nuestra cercanía

1. Observa las fotos y lee estos nombres de mujeres latinoamericanas. Solo por los nombres y fotos, ¿imaginas quiénes son esas mujeres?

Laura Chinchilla. Cristina Kirchner. Michelle Bachelet.

Mireya Moscoso. Violeta Chamorro. Isabel Perón. Dilma Roussef.

2. Esas mujeres han asumido el cargo más importante de un país: la presidencia. Abajo están las banderas de los países que ha habido alguna vez una mujer como presidenta en América Latina hasta el 2011: Costa Rica, Argentina, Chile, Panamá, Nicaragua y Brasil. Debajo de cada bandera, escribe el nombre del país.

ciento cuarenta y nueve 149

CULTURAS EN DIÁLOGO

3. ¿En qué país esas mujeres ejercen o ejercieron el poder máximo de una nación? Sigue las pistas a través de los colores de las banderas.

a) Laura Chinchilla: presidenta de _____ . La bandera de su país tiene cinco franjas horizontales: dos azules, dos blancas y una roja.

b) Cristina Kirchner e Isabel Perón: presidentas de _____ . La bandera de su país tiene tres franjas horizontales: dos azules claras y una blanca. En el centro de la franja blanca hay un sol amarillo.

c) Michelle Bachelet: presidenta de _____ . La bandera de su país tiene dos franjas horizontales: una roja y otra blanca con un cuadrado azul que lleva una estrella blanca dentro.

d) Mireya Moscoso: presidenta de _____ . La bandera de su país tiene cuatro cuadrados: uno azul, uno rojo y dos blancos. En cada cuadrado blanco, hay una estrella: una de color azul y otra de color rojo.

e) Violeta Chamorro: presidenta de _____ . La bandera de su país tiene tres franjas horizontales: dos azules oscuras y una blanca en el centro, donde hay un triángulo.

f) Dilma Roussef: presidenta de _____ . La bandera de su país tiene un rectángulo verde, un rombo amarillo y un círculo azul con estrellas blancas.

¿LO SÉ TODO? (AUTOEVALUACIÓN)

Lectura	¿Conozco bien los derechos humanos?	¿Sé cuáles son mis derechos y deberes?	¿Respeto los derechos de los demás?
Escritura	¿Cumplo mis deberes en clase de español?	¿Comprendo la importancia de las reglas y normas?	¿Soy un buen alumno?
Escucha	¿Qué aspectos me parecen más importantes en el audio?	¿Qué prejuicios hay a la hora de elegir una profesión?	¿Conozco diversas formas de pronunciar la ese?
Habla	¿Qué profesión elegí yo en la encuesta?	¿Qué datos hay que tener en una encuesta sobre orientación profesional?	¿Cuál fue el resultado de la encuesta de mi salón?
Gramática	¿Sé usar los artículos definidos e indefinidos?	¿Sé usar los cuantificadores: nadie, poco, todos, algunos...?	¿Sé formular frases en infinitivo para dar instrucciones?
Vocabulario	¿Qué asignaturas tengo en mi cole?	¿Qué palabras y expresiones de justicia hay en la Declaración de los Derechos Humanos?	¿Qué profesiones conozco en español?
Cultura	¿Conozco a la presidenta de mi país?	¿Qué otros países latinoamericanos tienen presidentas?	¿Qué banderas de países hispanohablantes sé reconocer?
Reflexión	¿Logro ejercer con sabiduría mi papel de ciudadano?	¿Defiendo la ciudadanía de los demás?	¿Respeto y valoro las diferencias?

150 ciento cincuenta

GLOSARIO VISUAL

Palabras en contexto

¿Has protestado alguna vez? A lo largo de la historia, las personas necesitaron muchas veces salir a las calles para protestar por la defensa de sus derechos.

¡Sí a la vida, no a la muerte! ¡E pueblo unido jamás será vencido!

¡No pasarán! ¡Nunca más! ¡Más paz no a la guerra!

¡Por la igualdad de derechos! ¡Agua y comida!

¡Señores diputados: hagan lo correcto! ¡Abajo la corrupción!

¡Derecho a ser feliz! ¡Salud, educación y cultura! ¡Abajo la opresión!

¡No a la dictadura! ¡Queremos calidad de vida! ¡No a las drogas!

Palabras en imágenes

liceo

camiones

periodista

8 Itinerarios de viaje: ¡a planificar las vacaciones!

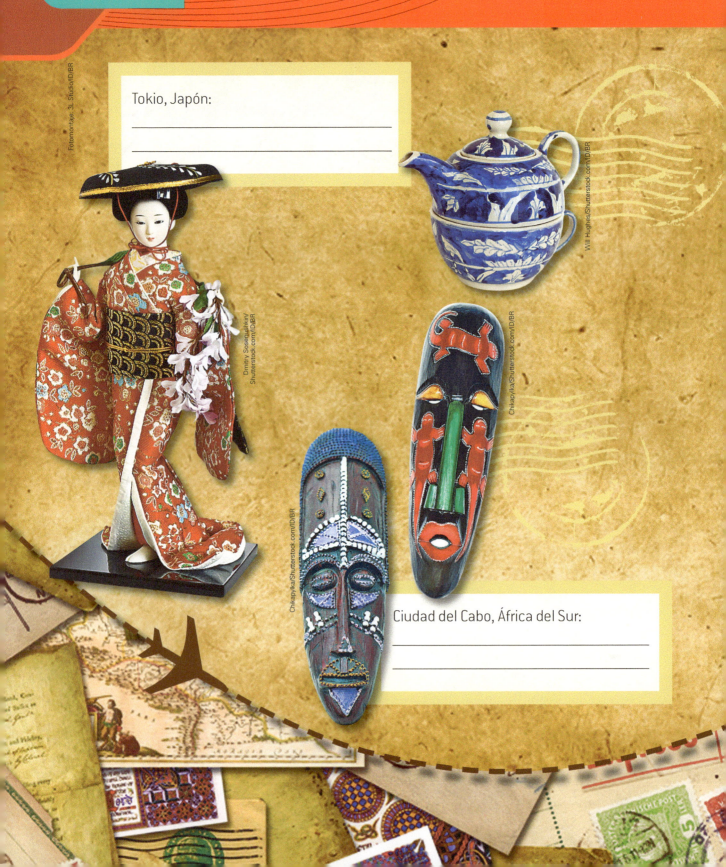

Tokio, Japón:
_____
_____

Ciudad del Cabo, África del Sur:
_____
_____

En esta unidad...

... "viajaremos" por el mundo hispánico, conoceremos sus bellezas y sus costumbres, leeremos y elaboraremos itinerarios turísticos. Al final podremos contestar a las preguntas: ¿Conozco y conservo bien mi ciudad? ¿Cómo puedo planificar mis viajes?

Santiago de Compostela, España:
_____
_____

Acapulco, México:
_____
_____

¡Para empezar!

1. Muchas personas coleccionan objetos de lugares por los que viajaron y los guardan como recuerdos. Generalmente son adornos que representan algo especial del sitio visitado. En la página de al lado hay objetos que se relacionan con lugares turísticos. Basándote en conocimientos previos, intenta nombrarlos. Si no conoces nada, investiga.

2. Cuando viajas, ¿sueles comprar objetos que representen la ciudad visitada? ¿Coleccionas objetos de viajes u otros objetos? Para la próxima clase es necesario que traigas el objeto que coleccionas o que te gustaría coleccionar. Prepárate para explicar tus motivos como coleccionista:

    a) ¿Qué hay en especial en ese objeto?
    b) ¿Qué conoces ya sobre su historia?
    c) ¿Hay muchas personas que lo coleccionan en el mundo?

Transversalidad
Aquí el tema transversal es la pluralidad cultural y el turismo sostenible.

ciento cincuenta y tres 153

Género textual
- Itinerario de viaje

Objetivo de lectura
- Identificar tipos diferentes de turismo.

Tema
- Vacaciones y viajes

Lectura

Almacén de ideas

Contesta oralmente.

1. Las vacaciones son un descanso temporal de las actividades habituales, principalmente del trabajo y de los estudios. ¿Cómo sueles descansar en tus vacaciones? Normalmente, ¿te quedas en casa o viajas?

2. ¿Has viajado alguna vez con alguna agencia de turismo? ¿Has seguido los itinerarios propuestos en los paquetes? ¿Cómo funcionan?

3. Vas a leer un itinerario de viaje a las Islas Galápagos. ¿Qué tipo de turismo esperas encontrar en esas islas? ¿Turismo rural? ¿Turismo deportivo? ¿Turismo espacial? ¿Turismo de naturaleza? ¿Turismo religioso?

Red (con)textual

Mientras lees el itinerario, enumera en **el mapa de la ruta** en qué lugar se localizarán los paseos de cada día.

ITINERARIO — Galápagos hopping

Día 1 — Quito / Isla San Cristóbal

Vuelo Quito-San Cristóbal. Traslado al hotel clase turista Pimampiro o similar, almuerzo a orillas del mar. Por la tarde visita al Centro de Interpretación, para posteriormente dirigirnos a la playa Lobería para realizar *snorkelling* y caminata. Cena, pasaremos la noche en el hotel.

Comidas incluidas: -/A/C

León marino en la playa Lobería.

Día 2 — Isla Santa Cruz

Muy temprano traslado a la Isla Santa Cruz (viaje en lancha rápida). A nuestra llegada, nos encontraremos con nuestro guía local. Después de haber dejado el equipaje en el hotel seleccionado iremos a explorar las tierras altas, la Reserva de Tortugas Gigantes, Túnel de Lava y Cráteres Gemelos. Volveremos al puerto para el almuerzo. Por la tarde *tour* por la bahía: caminata y *snorkelling* alrededor de Academy Bay en Santa Cruz, aquí buscaremos lobos marinos, iguanas, piqueros de patas azules y más. Después de la cena, descansaremos en el hotel seleccionado.

Comidas incluidas: D/A/C

Las tortugas gigantes en la Isla Santa Cruz.

154 ciento cincuenta y cuatro

Día 3 — Isla Floreana

En este día nos dedicaremos a la exploración de la famosa Isla Floreana. Una familia alemana Wittmer fue la primera civilización exitosa en habitarla, hay varios misterios sin resolver, y nuestro guía estará encantado de explicarle. Más tarde *snorkelling* en la Corona del Diablo es fascinante. Volveremos a Puerto Ayora para la cena y pasar la noche en el hotel.

Comidas incluidas: D/A/C

La práctica de snorkel en la Corona del Diablo.

Mapa de la ruta

Día 4 — Isla Santa Cruz, Isla Baltra / Vuelo de retorno

Si nos queda algo de tiempo (dependiendo del horario de vuelo), podremos comprar recuerdos o visitar (entrada gratuita) la Estación Charles Darwin y ver su trabajo para proteger este frágil ecosistema. Traslado al aeropuerto, vuelo de regreso a tierra firme.

Comidas incluidas: D/-/-

Sacado de: <www.ecostravel.com/ecuador/galapagos/galapagos-hopping.php>. Acceso el 11 de marzo de 2011.

Tejiendo la comprensión

1. Ahora que has leído el texto, ¿qué tipo de turismo se hace en las Islas Galápagos? Saca tres palabras que te hayan llevado a definir el tipo de turismo existente allí.

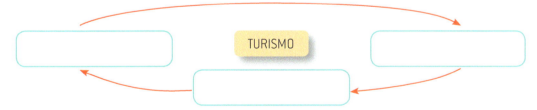

2. En este paquete turístico, ¿cuántos son los días de paseo?
   _____

3. ¿Cuáles son los lugares que se visitarán cada día?
   _____
   _____

4. ¿Qué tipo de informaciones son necesarias en esos textos — los itinerarios de viajes?
   _____

ciento cincuenta y cinco **155**

5. Admira una foto panorámica de la Isla Bartolomé, Galápagos, y piensa: ¿qué se puede hacer para conservar tanta belleza? Charla con tu compañero sobre actitudes de un turismo sostenible.

6. Es costumbre nombrar lugares haciendo homenajes a personas famosas. En el día 4 hay una posibilidad de visitar la Estación Charles Darwin.

   a) ¿Quién es esa persona? Investiga.
   _____
   _____
   _____

   b) ¿Cuál es su importancia para las Islas Galápagos?
   _____
   _____

7. ¿Qué coleccionar? En los viajes, la lista de opciones es larguísima: sellos, postales, menús de bares o restaurantes, llaveros, jabones de los hoteles, imanes, etiquetas autoadhesivas...

Es común comprarnos recuerdos de los lugares que visitamos. En el último día del viaje a las Islas Galápagos, hay una opción en el itinerario: comprar recuerdos. ¿Qué comprarías en las Islas Galápagos para iniciar tu colección de viaje?

_____

156   ciento cincuenta y seis

Vocabulario en contexto

1. En los viajes se usan varios tipos de transporte. Marca qué tipos se usan en ese itinerario por las Islas Galápagos.

   (   ) A pie.   (   ) En avión.   (   ) En lancha.   (   ) En coche.
   (   ) A caballo.   (   ) En autobús.   (   ) En tren.

   Véase también el **objeto educacional digital** "¡De vacaciones en Cancún!".

2. ¿En qué isla se verán lobos marinos, iguanas y piqueros de patas azules?
   _____

3. ¿Conoces a estos animales? Escribe abajo de cada foto quiénes son los lobos marinos, las iguanas y los piqueros de patas azules.

_____   _____

_____

4. En cada uno de los días del itinerario de viaje, hay una nota que indica qué comidas están incluidas en el paquete.

   a) ¿En qué día(s) habrá desayuno, almuerzo y cena? _____
   b) ¿En qué día(s) no habrá desayuno? _____
   c) ¿En qué día(s) no habrá almuerzo y cena? _____

5. Como se ha podido observar, hay una actividad muy común en las Islas Galápagos — el *snorkelling*. Esta palabra es del inglés y en el mundo del turismo ecológico o de naturaleza la usan muchísimo. *Snorkelling* es lo que se hace al usar el *snorkel* (tubo con válvula de aire). En español, *snorkelling* significa buceo. Observa los objetos que se usan en el buceo:

   Equipo para el buceo: máscara o visor, *snorkel* y pies de pato.

ciento cincuenta y siete 157

Ahora, escribe qué significa, en portugués, *snorkelling*/buceo:

_____

Gramática en uso

Heterogenéricos

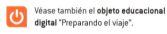

Véase también el **objeto educacional digital** "Preparando el viaje".

1. En el itinerario, aparecen las siguientes palabras: viaje y equipaje. ¿Son femeninas o masculinas?
   _____

2. Observa las siguientes palabras e intenta traducirlas al portugués. Si no las conoces, puedes buscarlas en un diccionario. **¡Ojo!** hay que traducir también el artículo.

Español	Portugués
El viaje	
El paisaje	
El bagaje	
El lenguaje	

Español	Portugués
La costumbre	
La legumbre	
La lumbre	
La cumbre	

a) Compara esas palabras escritas en portugués y en español. ¿Cuál es la diferencia?
   _____
   _____
   _____

b) Observa el final de cada palabra. ¿Qué letras se repiten? Ahora, ¡a formular la regla!

> • En español, las palabras que terminan en _____ son masculinas.
> • En español, las palabras que terminan en _____ son femeninas.

3. A las palabras que varían de género (masculino / femenino) entre el español y el portugués se las llaman **heterogenéricos**. Abajo, se han puesto palabras de este tipo. Tu función será elegir el artículo adecuado (el o la) y escribirlo antes de estas palabras.

   a) ___ postal   c) ___ árbol   e) ___ dolor   g) ___ nariz   i) ___ sonrisa
   b) ___ leche   d) ___ color   f) ___ miel   h) ___ puente   j) ___ sal

158 ciento cincuenta y ocho

Futuro simple

Lee los siguientes enunciados sacados del itinerario a las Islas Galápagos.

> Día 1: "... **pasaremos** la noche en el hotel."
> Día 2: "... nos **encontraremos** con nuestro guía local."
> Día 3: "... nos **dedicaremos** a la exploración..."
> Día 4: "... **podremos** comprar recuerdos..."

1. ¿Qué papel cumplen los verbos destacados en estos enunciados? Se usan para:

( ) relatar hechos pasados y acabados.   ( ) describir hábitos y acciones cotidianas.

( ) dar instrucciones y consejos.   ( ) hablar de planes futuros y posibilidades.

2. ¿A qué sujeto gramatical se refieren los verbos destacados?

( ) Ustedes.   ( ) Ellos.   ( ) Nosotros.   ( ) Tú/vos.

3. Teniendo en cuenta los verbos en futuro que has visto anteriormente en los enunciados del itinerario, completa en la tabla la conjugación de los verbos en "nosotros, nosotras".

	Viajar	Leer	Vivir
Yo	viajar**é**	leer**é**	vivir**é**
Tú, Vos	viajar**ás**	leer**ás**	vivir**ás**
Él, Ella, Usted	viajar**á**	leer**á**	vivir**á**
Nosotros, Nosotras			
Vosotros, Vosotras	viajar**éis**	leer**éis**	vivir**éis**
Ellos, Ellas, Ustedes	viajar**án**	leer**án**	vivir**án**

Algunos verbos tienen, para el futuro, una raíz irregular, pero mantienen las terminaciones:

decir	→	dir-	→	diré, dirás...	saber	→	sabr-	→	sabré, sabrás...
hacer	→	har-	→	haré, harás...	tener	→	tendr-	→	tendré, tendrás...
querer	→	querr-	→	querré, querrás...	poner	→	pondr-	→	pondré, pondrás...
haber	→	habr-	→	habré, habrás...	venir	→	vendr-	→	vendré, vendrás...
poder	→	podr-	→	podré, podrás...	salir	→	saldr-	→	saldré, saldrás...

Los verbos compuestos que se forman a partir de los verbos arriba mantienen la misma irregularidad: deshacer – desharé, mantener – mantendré, suponer – supondré.

La irregularidad de los verbos en futuro solo afecta a la raíz. Las terminaciones del futuro son iguales para verbos irregulares y regulares en las tres conjugaciones.

⚙ El español alrededor del mundo

El futuro de indicativo en **-ré** (**viajaré**) es poco usado en el español de América. Es suplantado frecuentemente por la perífrasis **ir a + infinitivo** y por **el presente de indicativo**.

En algunas variantes latinoamericanas, el futuro de indicativo se usa solo en registros formales.

Género textual
- Itinerario de viaje

Objetivo de escritura
- Elaborar un itinerario de viaje de la ciudad en que se vive.

Tema
- Viajes turísticos

Tipo de producción
- Colectiva

Lectores
- Turistas de la ciudad

Vocabulario de apoyo

Rafting: es una palabra inglesa que designa una actividad deportiva y recreativa que consiste en recorrer el cauce de ríos en la misma dirección de la corriente, por lo general sobre algún tipo de embarcación o balsa.

Rapel: este vocablo procede del francés *rappel* y con él se designa un sistema de descenso por cuerda utilizado en superficies verticales.

Refrigerio: es un alimento corto que se toma para reparar las fuerzas.

Tirolesa: se llama así a una polea suspendida por cables montados en un declive o inclinación. Se emplea para el rapel.

Temazcal: esta voz procede del náhuatl y significa "casa de baños". Hoy el temazcal o temascal es, en México, El Salvador y Guatemala, una construcción baja de adobe donde se toman baños de vapor.

■ Escritura

Conociendo el género

En grupos de cuatro personas, vas a escribir un itinerario de viaje por tu ciudad. ¡A conocer otros tipos de itinerarios para observar modelos antes de hacer el propio!

ITINERARIO 1

Aventura, café y naturaleza en Veracruz

Día 1: Salida a las 6:00 a.m. desde la Ciudad de México – Llegada 10:00 – 10:30 a.m. al pueblo de Jalcomulco – Descenso en el río (*rafting*) de 11:30 a.m. a 3:00 p.m. – Comida y siesta de 3:30 a 5:00 p.m. – Tirolesa o *rapel* de 5:30 a 6:30 p.m. – Visita al Pueblo de Jalcomulco de 7:00 a 8:00 p.m. – Temazcal de 8:15 a 9:00 p.m. – Cena a las 9:30 p.m.

Día 2: Desayuno 8:00 a.m. – Salida 9:00 a.m. rumbo a Xico – Llegada a Xico a las 10:00 a.m. – Visita a las Cascadas de Texolo 10:30 a 12:00 a.m. – Visita al pueblo de Xico de 12:30 a 1:30 p.m. – Comida de 2:00 a 3:00 p.m. en Xico – Salida a Coatepec y llegada a las 4:00 p.m. – Visita a Coatepec de 4:30 a 6:00 p.m. – Café en Coatepec de 6:00 a 7:00 p.m. – Salida a Xalapa y llegada a las 8:00 – Llegada al hotel de 8:00 a 9:00 – Cena y bar de 9:00 a 11:00 p.m.

Día 3: Desayuno 9:00 a.m. – Visita a Xalapa de 10:00 a 12:00 a.m. – Tomar un refrigerio y salir a la Ciudad de México y llegar a la Ciudad de México a las 4:00 p.m.

Sacado de: <www.iubik.com/rutas/ruta-jalcomulco-coatepec-xico-xalapa.php>. Acceso el 21 de enero de 2011.

ITINERARIO 2

Barcelona
¡Bienvenida a la Ciudad Condal!

Si te gusta el mar, el arte, la ropa y pasear en bicicleta, no lo pienses ni un minuto más: ¡ve a Barcelona! Allí podrás visitar las obras más importantes de Gaudí, dar un paseo por la playa e ir de *shopping* por las tiendas más *fashion* de la ciudad. ¡Te enamorará!

¿Nuestro consejo?
Cuatro días cerca del Mediterráneo. Mira, mira…
Día 1: Llegada a Barcelona por la mañana. Por la tarde: paseo por el barrio gótico y entrada a la Catedral de la ciudad. Tranquilito para empezar, ¿no?
Día 2: Visita al Parque Güell, a la Sagrada Familia, a La Pedrera (Casa Milà) y a la Casa Batlló. O sea, 100% Gaudí.
Día 3: Paseo por el Maremàgnum, la Villa Olímpica y el barrio de la Barceloneta. Y si sale el sol, ¡algún que otro chapuzón!
Día 4: De compras por las Ramblas y el barrio del Raval. Salida en avión por la tarde. ¡Se acabó lo que se daba!

Curiosidades…
Barcelona es una de las pocas ciudades españolas que no se masifica durante las procesiones. Las hay, pero no tantas. Así que, es un buen destino para pasar la Semana Santa si quieres evitar las conglomeraciones de gente.

Money, money
Saliendo el 1 de abril desde Madrid y estando cuatro días (tres noches) en un hotel de cuatro estrellas muy céntrico, te sale sólo por 210 euros. Vamos, un auténtico lujo a muy buen precio. ¡Aprovecha esta gran oportunidad!

Contacto
AGENCIA DE VIAJES MARSANS (www.marsans.es) Puedes llamar al 902 30 60 90. *Let's go!*

Kit de viaje
Una visera para el sol, una guía de Gaudí, unas zapatillas cómodas y un cuaderno de viajes.

Revista *Ragazza*, n. 244, abril de 2010, p. 127.

1. El itinerario es la descripción de un camino o ruta que se hace en los viajes turísticos. Has leído ya dos itinerarios. ¿Cuál es el título de cada uno?

2. ¿Qué tipo de turismo se hace en cada uno de esos lugares?

3. Los itinerarios especifican los lugares de paso, y proponen una serie de actividades y servicios. ¿Qué diferencias y semejanzas hay entre los itinerarios 1 y 2?

A quien no lo sepa
A Barcelona se la considera la ciudad condal, pues fue la sede de sucesivos gobiernos de condes entre los siglos IX y XVIII.

4. ¿Has observado que en el itinerario 1 se ponen los horarios de las actividades. ¿Crees que eso es importante? ¿Por qué?

_____

_____

Planeando las ideas

1. Piensa en tu ciudad y marca lo que la caracteriza más:

a) En mi ciudad, hay muchos(as):

( ) playas.
( ) museos.
( ) montañas.
( ) cines y teatros.
( ) cascadas.
( ) bares y restaurantes.
( ) iglesias.
( ) ferias de artesanías.
( ) haciendas.

b) En mi ciudad, se buscan vacaciones:

( ) deportivas.
( ) religiosas.
( ) rurales.
( ) culturales.
( ) de naturaleza.
( ) otras: _____

c) En mi ciudad, se puede pasear:

( ) a pie.
( ) a caballo.
( ) en avión.
( ) en barco.
( ) en tren.

( ) en lancha.
( ) en coche.
( ) en bici.
( ) en autobús.

d) En mi ciudad, uno se puede alojar en:

( ) un hotel.
( ) una posada.
( ) un albergue.
( ) una habitación privada.
( ) un *camping*.
( ) otras: _____

e) En mi ciudad, la época más atractiva para el turismo es:

( ) en verano.
( ) en otoño.
( ) en primavera.
( ) en Semana Santa.
( ) en Navidad.
( ) en Carnaval.
( ) en invierno.
( ) en días de fiestas populares.
Cuáles: _____

2. Como guía turístico de tu ciudad, ya sabes cuáles son las características de tu región. Entonces, ¿qué locales elegirías como puntos turísticos para elaborar el itinerario?

_____

_____

_____

162   ciento sesenta y dos

Gramática en uso

1. Observa las frases sacadas de los itinerarios ya leídos en esta unidad:

   "viaje en lancha rápida"   "salida en avión por la tarde"   "pasear en bicicleta"

   a) ¿Qué medios de transporte aparecen en estas frases?

   _____

   b) Las preposiciones son palabras que se usan para unir o relacionar cosas en el espacio y en el tiempo. En las frases del recuadro de arriba, se relacionan palabras que determinan el medio de transporte que se usará para viajar, salir y pasear. ¿Cuál es la preposición usada? Formula la regla:

   Para hablar de medios de transporte, se usa la preposición _____ .

   Pero, toda regla tiene su excepción: se dice _____ pie y _____ caballo.

¿Qué hay? ¿Dónde está?

Usamos **hay** para hablar de la **existencia** de algo, y las formas **está** y **están** para hablar de la **localización** de las cosas. Ejemplos:

¿**Hay** hotel en este pueblo?	¿Dónde **está** ubicado el mejor de ellos?
Sí, **hay** dos hoteles.	El mejor hotel **está** en el centro, cerca de la playa.

2. Fíjate en la localización y en la infraestructura de tu ciudad. Luego, completa el enunciado:

   Mi ciudad está ubicada en _____ . En el centro hay _____ y _____ . Pero no hay _____ , ni _____ . Las mejores tiendas están en _____ . Mi escuela está a _____ km de casa.

Taller de escritura

Se puede observar que hay varios tipos de itinerario, de los más completos a los más sencillos. Pero como turistas, las personas quieren saber los detalles, o sea, no solo los lugares de visita sino el horario, el medio de transporte y la comida que está incluida en el paquete. Ahora escribe en tu cuaderno el itinerario. Ilustra la ruta y los sitios visitados. Si puedes, pega tu itinerario en un mapa.

¡Ojo!

Usa las estructuras de ubicación y los medios de transportes necesarios para ir a cada sitio.

(Re)escritura

Vuelve a tu itinerario y observa si:
- has dado un título que defina bien la ruta recorrida;
- has definido la cantidad de días y los lugares turísticos que visitarán;
- has escrito los medios de transporte que se usarán (¡ojo con la preposición!);
- has determinado qué comidas están incluidas cada día.

ciento sesenta y tres **163**

Género textual
- Anuncio publicitario

Objetivo de escucha
- Comprender informaciones de un anuncio de una agencia de viajes.

Tema
- Viajes

■ Escucha

¿Qué voy a escuchar?

1. ¿Has utilizado alguna vez páginas web para planificar viajes o comprar algún producto?
   _____

2. Piensa en palabras claves que puedan estar presentes en un anuncio sobre ese asunto.
   _____
   _____
   _____

Escuchando la diversidad de voces

1. 🎧 18 ¡A comprender globalmente el anuncio! Escúchalo una vez e intenta identificar qué medio de comunicación se divulga y con qué fines.
   _____

2. 🎧 18 Después, ¡trata de comprender detalladamente algunos verbos! Escucha el anuncio dos veces más y señala la opción correcta.

<www.youtube.com/watch?v=ey7sZUjemUc>

Usamos internet para ( ) *trabajar, estudiar, comunicarnos, informarnos y divertirnos* / ( ) *estudiar, trabajar, informarnos, divertirnos y comunicarnos*. Nos ha simplificado la vida. Inclusive si queremos ( ) *planificar* / ( ) *organizar* un viaje esta herramienta nos facilita mucho el trabajo brindándonos toda la información del destino elegido. En las distintas páginas web, uno puede ( ) *encontrar* / ( ) *buscar* todo lo que debe ( ) *tener* / ( ) *saber* y necesita antes de ( ) *partir* / ( ) *vivir*, y todo sin ( ) *perderse* / ( ) *moverse* de su casa. Pero no todo es tan simple y seguro como uno cree. Se debe ( ) *estar* / ( ) *quedar* atento y ( ) *saber* / ( ) *ver* si la página de donde estás consiguiendo la información es confiable o no. Entonces, ¿cómo encontrar datos confiables para ( ) *trabajar* / ( ) *viajar* tranquilo? Descubra cómo ( ) *sostener* / ( ) *obtener* toda la información por internet para viajar seguro en www.todoparaviajar.com.

Sacado de: <www.youtube.com/watch?v=ey7sZUjemUc>. Acceso el 2 de marzo de 2012.

Comprendiendo la voz del otro

1. Según el anuncio, ¿para qué usamos internet?

2. ¿Qué cuidados se deben tener al utilizar internet para planificar un viaje?

3. Observa los verbos con los que has completado la transcripción. ¿Qué semejanza hay en las terminaciones de los verbos? ¿Y qué diferencias existen?

Oído perspicaz: el español suena de maneras diferentes

¿Cómo suenan la *b* y la *v*?

En portugués, las letras **b** y **v** no se pronuncian de la misma manera: la **b** se pronuncia con los dos labios, es bilabial (***bibliotecário***); la **v** se pronuncia con los dientes superiores apoyados en el labio inferior: es labiodental (***viver***).

En español las letras **b** y **v** se pronuncian, las dos, de la misma manera, en la mayoría de los países: las dos son bilabiales. Si representamos como /b/ el sonido bilabial, las palabras **burro** y **vaca** se pronuncian, en español, /**b**urro/ y /**b**aca/. En español no existe el sonido labiodental. El que algunas palabras se escriban con **b** y otras con **v** se debe a razones históricas o etimológicas. Hay que respetar esa escritura; es falta de ortografía escribir **baca** por **vaca**, aunque se pronuncie /**baca**/. Las letras **b** y **v** son dos letras que representan un mismo sonido /b/.

A continuación se pone la pronunciación de seis palabras. Ve al diccionario y busca si se escriben con **b** o **v**.

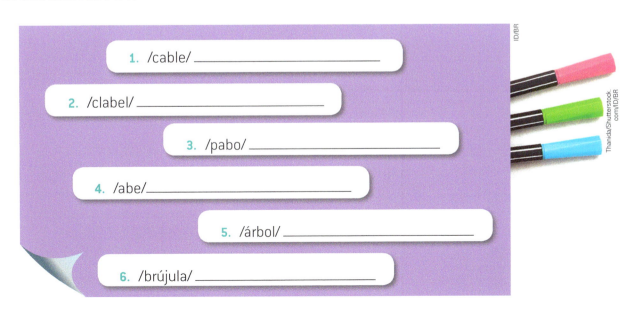

1. /cable/
2. /clabel/
3. /pabo/
4. /abe/
5. /árbol/
6. /brújula/

Género textual
- Presentación de trabajo

Objetivo de habla
- Presentar itinerarios de viaje.

Tema
- Planificación de itinerarios de viaje

Tipo de producción
- Colectiva

Oyentes
- Compañeros del aula

Habla

Lluvia de ideas

¡A planificar las vacaciones! ¿Qué lugares del mundo hispánico conocerás? A continuación hay fotos de tres sitios. Tendrás que elegir uno y contar cómo va a ser ese viaje. Pero antes, ¡a preparar el habla!

La Habana, Cuba.

Santiago de Compostela, España.

Machu Pichu, Perú.

Observa las imágines. Después, reflexiona individualmente:
- ¿Qué te gusta más?, ¿campo, ciudad o playa?
- ¿Qué tipo de turismo te interesa más?, ¿cultural o de naturaleza?
- ¿Cuáles de esos sitios te parecieron más interesantes?
- ¿A quién (o a quiénes) llevarías contigo en ese viaje?

Rueda viva: comunicándose

¡A compartir! Viajando sin moverte... Tu clase se dividirá en grupos que elegirán uno de los siguientes destinos:
- Machu Picchu
- Santiago de Compostela
- La Habana

Las tareas serán las siguientes:
1. Buscar fotos muy bonitas del lugar.
2. Investigar otras informaciones de la ciudad: ubicación, extensión, moneda, clima, lugares de interés, actividades turísticas.
3. Hacer un cartel con las fotos y presentarles a tus compañeros tus planes usando el **futuro simple**. Algunas pistas:
    - En Machu Picchu, conoceremos...
    - En Santiago de Compostela, mis amigos y yo caminaremos...
    - En La Habana, mi madre nadará en el mar...

¡Ojo!

No te olvides de observar con atención las estructuras de futuro simple estudiadas.

¡A concluir!

Completa el siguiente recuadro teniendo en cuenta las presentaciones de los grupos.

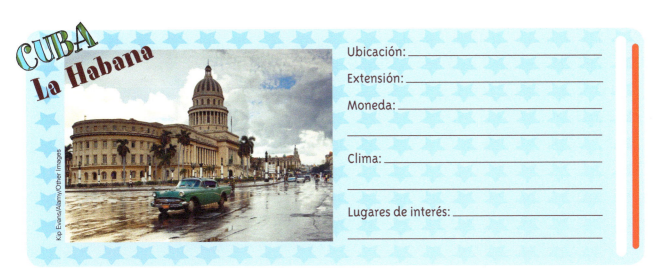

CULTURAS EN DIÁLOGO

nuestra cercanía

1. En Brasil, en todas sus regiones, hay sitios muy bonitos para conocer. Observa los recuerdos típicos de cada una de las regiones de ese país tropical y relaciona la imagen con su significado.

a) **Bahía (Nordeste)** – Las pulseritas de la suerte son famosas por su fidelidad a los milagros y no se deben quitar de la muñeca pues el tiempo será el encargado de romperlas y solo entonces se cumplirán los deseos. Para cada color hay un significado, y representan los *orixás*, las raíces africanas en Brasil. Se las puede comprar en tiendas y cerca de la Iglesia del Nuestro Señor del Bonfim.

b) **Pará (Norte)** – Las cerámicas Marajoara son una herencia de los indígenas. Las hay de diversos diseños, y las hacen con la semilla del urucú para darle un tono rojo. Una gran parte de esas cerámicas se pueden ver en el Museo del Marajó, que se encuentra en Pará.

c) **Brasília (Distrito Federal)** – Los símbolos de la República se plasman en los recuerditos de esa ciudad y están representados en monedas, llaveros y postales. Es una ciudad planeada con la intención de ser la capital federal y que posee un rico conjunto arquitectónico de los principales exponentes del área, como Lúcio Costa, Oscar Niemeyer y Roberto Burle Marx.

d) **Pantanal (Centro Oeste)** – Las artesanías en madera son típicos productos que fabrican los nativos de esta región. Muchas de ellas se fabrican a partir de habilidades heredadas de la cultura popular y representan casi siempre aves, mamíferos y reptiles típicos de la región.

e) **Rio de Janeiro (Sureste)** – Considerada una de las Siete Maravillas del Mundo Moderno, la estatua de Cristo Redentor es la postal más conocida de todo Brasil. Tal como la original, varias estatuas de recuerdo se hacen de *pedra-sabão*, piedra originaria del estado de Minas Gerais.

f) **Foz do Iguaçu (Sur)** – ¿Qué llevar de recuerdo de un lugar tan bonito por su naturaleza? ¡Las fotos, claro! Las personas llevan en sus cámaras las enormes cascadas, el encuentro de los ríos y las aventuras deportivas que se pueden hacer en una de las ciudades más multiculturales de Brasil.

2. En el mundo hispánico, hay muchísimos lugares para visitar y conocer. Observa las fotos y relaciónalas con los textos:

( )
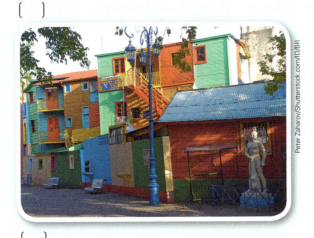

( )

( )

( )

a) En Barcelona, España, el turista puede admirar las obras del arquitecto Antoni Gaudí. Sus famosas curvilíneas y sus evocadores espacios encantan a los que pasan por las calles de esta ciudad. La Sagrada Familia es el edificio más visitado de Barcelona. Es interesante saber que esa obra todavía no ha sido acabada, pues, en 1926, Gaudí sufrió un accidente y se murió. Aún hoy continúan las obras...

b) En Valparaíso, Chile, el turista puede admirar el museo La Sebastiana, una de las casas en que vivió el poeta Pablo Neruda. El museo tiene cinco pisos, donde se pueden observar fotografías, leer algunas de sus obras y ver documentales y algunos de sus objetos personales.

c) En Punta del Este, Uruguay, el turista puede admirar playas muy diferentes entre sí. Ese sitio está ubicado al sureste del país y cuenta con playas para todos los gustos: las que tienen aguas tranquilas, como la Playa Mansa, y las que tienen grandes olas, como la Playa Brava.

d) En Buenos Aires, Argentina, el turista puede admirar el barrio La Boca. Su nombre se debe a que se ubica en la desembocadura del Riachuelo en el Río de la Plata. Algunas de sus casas son de madera y cinc, otras de chapa y pintadas con colores muy intensos. Ese barrio representa la tradición del tango y del fútbol en Argentina.

ciento sesenta y nueve **169**

¿LO SÉ TODO? (AUTOEVALUACIÓN)

Lectura	¿Cuál es la función de un itinerario de viaje?	¿Dónde se suelen encontrar los itinerarios?	¿Dónde se puede practicar el buceo?
Escritura	¿Soy un buen guía turístico?	¿Conozco bien mi ciudad?	¿Qué actividades se pueden hacer en mi ciudad?
Escucha	¿Para qué sirve una agencia de viajes?	¿Cómo puedo planificar mis viajes?	¿Soy un buen oyente de la presentación del otro?
Habla	¿Sé presentar lugares y describirlos a los demás?	¿Logro hablar de mis planes para el futuro?	¿Sé pronunciar las letras **b** y **v**?
Gramática	¿Sé emplear el futuro de indicativo para hacer planes de viaje?	¿Qué heterogénericos español/portugués conozco?	¿Sé usar las preposiciones **a** y **en** con los medios de transporte?
Vocabulario	¿Sé qué significan las palabras rapel, tirolesa, temazcal?	¿Qué nombres de lugares he aprendido en español? A ver... playas, museos y...	¿Qué animales viven en Galápagos?
Cultura	¿Qué tipos de turismo existen?	¿Qué recuerdos típicos se puede comprar un turista en los países hispanohablantes?	¿Qué he aprendido sobre Barcelona, Valparaíso, Punta del Este y Buenos Aires?
Reflexión	Si pudiera elegir, ¿adónde iría en las próximas vacaciones?	¿Soy un turista consciente?	¿Qué hay de bonito para conocer en mi país?

GLOSARIO VISUAL

Palabras en contexto

¿Ya has acampado? Observa lo que no puede faltar en un campamento.

Mira, tío Donald, estamos listos para ir al *camping*.

Pero, Jaimito, Juanito y Jorgito, ¿dónde están las mochilas? ¿Y la tienda de campaña?

Jejeje. Es que se nos olvidó, tío Donald.

Pues, vayan por nuestras cosas. ¡Qué sobrinos tengo yo!... Y no se olviden de las botas de montaña, los sacos de dormir, las linternas y... ¿qué más?

Palabras en imágenes

isla

cráteres

autobús

Repaso: ¡juguemos con el vocabulario y la gramática!

Unidades 7 y 8

Individual

1. A ver si te acuerdas de algunas banderas de países latinoamericanos. Abajo hay tres: escribe el nombre del país, los colores de cada una, y coloréalas.

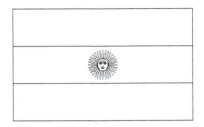
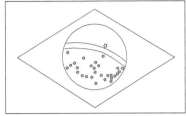

2. Has estudiado verbos irregulares en futuro simple, ¿verdad? Vas a completar el crucigrama de las irregularidades, conjugando cada verbo de acuerdo con las personas.

   Horizontales
   1. Hacer (nosotros)
   2. Valer (ustedes)
   3. Poner (usted)
   4. Saber (tú)
   5. Decir (yo)
   6. Poder (vosotros)

   Verticales
   1. Querer (ustedes)
   2. Tener (tú, vos)
   3. Venir (nosotros)
   4. Haber (tú)
   5. Salir (vosotros)
   6. Caber (yo)

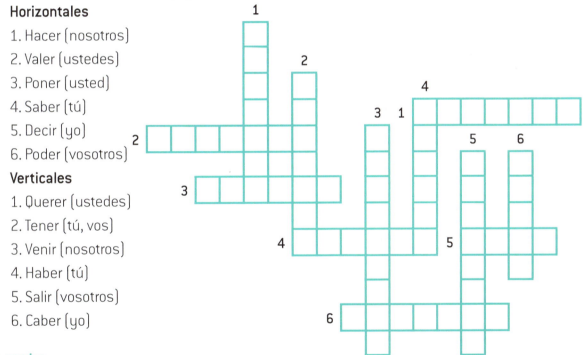

En parejas

¡Juguemos al ahorcado con los medios de transporte y las asignaturas! Elige la palabra y empieza el juego. ¡No te olvides! En el deletreo, las letras son femeninas: La A, la B, la C…

Repaso: ¡juguemos con el vocabulario y la gramática!

En tríos

¡A producir nuestro juego! Vas a copiar las tarjetas a continuación en papel cartón. Después, recórtalas con la tijera y ponlas boca abajo. Luego, hay que barajar el juego. Cada alumno saca una tarjeta y tiene que cumplir la tarea indicada. El que acierta, se queda con la tarjeta. Si no acierta, tendrá que ponerla nuevamente boca abajo y barajar el juego. Gana el que tenga más tarjetas en la mano al final del juego.

Para ti, ¿qué es un mundo justo? **Cita por lo menos tres acciones de justicia que cumples como ciudadano brasileño.**

En el mundo, todavía hay muchas injusticias… **¿Qué cosas consideras injustas? Cita por lo menos cuatro.**

En mis vacaciones, viajaré a las Islas Galápagos y… **Completa esta frase con, por lo menos, dos verbos en futuro.**

¿Te acuerdas de los pronombres indefinidos? Completa las frases: **Nadie… Nada… Alguien… Algo…**

¿Te acuerdas de los pronombres indefinidos? Completa las frases: **Ningún… Ninguno… Ninguna…**

¿Te acuerdas de los pronombres indefinidos? Completa las frases: **Algún… Alguno… Alguna…**

Abajo tienes algunas palabras. **Di si son femeninas o masculinas:** leche, sal, nariz, costumbre, legumbre, sangre.

Abajo tienes algunas palabras. **Di si son femeninas o masculinas:** Viaje, árbol, paisaje, dolor, color, puente.

¿Has visto las contracciones de preposición y artículos? **Completa: de + el = ¿? a + el = ¿?**

¿Te acuerdas de las preposiciones que usamos delante de las palabras que designan los medios de transporte? Di cómo viajas: **Viajo … avión, … tren, … coche, … pie, … caballo.**

¿Has estudiado los artículos definidos? Úsalos delante de las siguientes palabras: **… turismo rural. … naturaleza. … hoteles. … ferias de artesanía.**

¿Has estudiado los artículos indefinidos? Úsalos delante de las siguientes palabras: **… paseo tranquilo. … gran emoción. … equipos de buceo. … vacaciones felices.**

En grupos

¡A jugar al bingo! En la tarjeta de abajo, escribirás cinco profesiones con bolígrafo, pues no puedes borrarlas. ¿Las recuerdas? Después de que todos rellenen la ficha, la profesora va a decir veinte nombres de profesiones. El que marque primero las cinco ganará el juego.

BINGO DE LAS PROFESIONES				

Chuleta lingüística: ¡no te van a pillar!

EL ALFABETO

- En español los nombres de las letras son femeninos. Ejemplo: la eme, la zeta, la efe.

Abecedario español				
A (a)	B (be)	C (ce)	D (de)	E (e)
F (efe)	G (ge)	H (hache)	I (i)	J (jota)
K (ka)	L (ele)	M (eme)	N (ene)	Ñ (eñe)
O (o)	P (pe)	Q (cu)	R (ere, erre)	S (ese)
T (te)	U (u)	V (uve)	W (uve doble)	X (equis)
Y (ye)	Z (zeta)			

- La **b** y la **v** se pronuncian igual en muchas variantes de la lengua.
- La **g** y la **j** se pronuncian igual en muchas palabras: jamón, jirafa, argentino, escoger.
- La **h** no se pronuncia: hola, hoy, humano.
- La **z** tiene dos sonidos distintos. Se puede pronunciarla como si fuera una s fuerte o entre los dientes.
- La **ll** y la **ch** son dígrafos.
- El dígrafo **ll** y la **y** tienen sonidos distintos en diferentes regiones.
- Las vocales **e** y **o** se pronuncian de forma cerrada.

LOS PRONOMBRES PERSONALES SUJETO

Singular	Plural
yo	nosotros/nosotras
tú/vos/usted	vosotros/vosotras/ustedes
él/ella	ellos/ellas

- Normalmente, no se usan los pronombres personales, pues el verbo ya los indica.

LAS FORMAS DE TRATAMIENTO

Tratamiento	Informal		Formal
Singular	tú	vos	usted
Plural	vosotros		ustedes

- En el habla informal, cuando el interlocutor es singular, empleamos el pronombre *tú*, que puede decirse o no:
*¿Cómo te llamas **tú**? / ¿Cómo te llamas?*
- En Argentina, Uruguay, Centroamérica y en otras regiones americanas, en lugar de **tú**, se emplea el pronombre **vos**, que también puede expresarse o no:
*¿Cómo te llamás **vos**? / ¿Cómo te llamás?*
Observa que, cuando se usa **vos**, el verbo va acentuado en la última vocal:
*Tú te **llamas** Juan / Vos te **llamás** Juan.*

- Cuando hacemos uso del habla formal, al interlocutor le hablamos de **usted**, que puede decirse o no:
*¿Es **usted** el profesor? / ¿Dónde vive?*
Cuando usamos el pronombre **usted**, el verbo va en tercera persona; cuando empleamos el pronombre **tú**, el verbo va en segunda persona:
*¿Dónde **vive** usted? / ¿Dónde **vives** tú?*
- En América, tanto en el habla formal como en la informal, si los interlocutores son varios, el pronombre que se emplea es **ustedes**. Si les estamos hablando a varias personas, sean conocidas o desconocidas, de confianza o de respeto, empleamos el pronombre **ustedes**. El verbo va en tercera persona del plural:
*Ustedes **viven** en México, ¿verdad?*
- Ahora bien, en España hay dos formas de tratar a los interlocutores plurales: cuando son personas conocidas, a las que se tiene confianza, se les llama **vosotros** y el verbo va en segunda persona de plural:
*Vosotros **vivís** en Madrid, ¿no es así?*
Si se dirige la palabra a dos o más personas desconocidas o a las que no se tiene confianza, los españoles emplean, como los demás hispanohablantes, el pronombre **ustedes**:
Ustedes viven en México, ¿verdad?

EL GÉNERO DE LOS NOMBRES

Excepto en el caso de personas y animales, el género gramatical es solo una convención que indica el artículo y el género del adjetivo que acompaña al sustantivo (al nombre).

Nombres masculinos		
Nombres terminados en:	**Ejemplos**	**Excepciones**
-o	el libro, el amigo	
-or	el color, el amor	el poeta, la foto, la mano, la moto
-aje	el coraje, el miraje, el mensaje, el viaje	
-an	el can, el pan	
-ema	el tema, el problema, el sistema	
-ima	el clima	la rima
-oma	el idioma	
-uma	el reuma	
Los colores	el rojo, el rosa, el amarillo, el azul	
Los números	el dos, el catorce, el veinte	
Los días de la semana	el lunes, el viernes	

ciento setenta y tres **173**

Chuleta lingüística: ¡no te van a pillar!

Nombres femeninos

Nombres terminados en:	Ejemplos	Excepciones
-a	la casa, la mesa, la chica, la puerta	
-umbre	la cumbre, la certidumbre, la costumbre	
-ie	la serie	
-ción	la canción	
-sión	la decisión, la expresión	
-d	la juventud, la edad, la verdad	
-z	la tez	el pez
-zón	la razón	el corazón el tropezón
Las letras del alfabeto	la hache, la zeta, la ere	

LOS HETEROGENÉRICOS

Los heterogenéricos son sustantivos de la lengua española que se diferencia en género de la lengua portuguesa:

Español	Portugués
el color	a cor
la nariz	o nariz
el equipo	a equipe
la rodilla	o joelho
la sal	o sal
la baraja	o baralho

LOS ARTÍCULOS

	Singular		Plural	
	Masculino	Femenino	Masculino	Femenino
Definidos	el	la	los	las
Indefinidos	un	una	unos	unas
Contracciones con **a**	al	a la	a los	a las
Contracciones con **de**	del	de la	de los	de las

- Por razones de eufonía, el artículo definido femenino singular **la** se convierte en **el** cuando el sustantivo que le sigue comienza por **a** o **ha** tónicas.

LOS POSESIVOS

	Singular	Plural
Yo	mi/el mío/la mía	mis/los míos/las mías
Tú/Vos	tu/el tuyo/la tuya	tus/los tuyos/las tuyas
Él/Ella/Usted	su/el suyo la suya	sus/los suyos/las suyas
Nosotros (as)	nuestro/el nuestro/ la nuestra	nuestros/los nuestros/ las nuestras
Vosotros (as)	vuestro/el vuestro/ la vuestra	vuestros/los vuestros/ las vuestras
Ellos/Ellas/ Ustedes	su/el suyo/la suya	sus/los suyos/las suyas

LOS INTERROGATIVOS

Invariables	Variables	
	Singular	Plural
¿qué?		
¿cuándo?	¿cuál?	¿cuáles?
¿cómo?	¿quién?	¿quiénes?
¿dónde?	¿cuánta?	¿cuántas?
¿por qué?	¿cuánto?	¿cuántos?

LAS PREPOSICIONES

- Las preposiciones pueden indicar origen, procedencia, destino, dirección, lugar, tiempo:

Desde: indica el inicio de un periodo de tiempo u origen relacionado a lugar o tiempo:
- No nos vemos **desde** el mes pasado (tiempo)
- Te llamo **desde** Chile (lugar)

De: con verbos de movimiento también indica el origen:
- Salió **de** Salamanca a las once.

Hasta: indica término o límite de tiempo o lugar:
- **Hasta** hoy no logré finalizar mi trabajo (tiempo)
- Voy **hasta** Viña del Mar (lugar)

Hacia: indica tiempo o lugar aproximado:
- **Hacia** los años 60 (tiempo)
- Voy **hacia** el sur del país (lugar)

En: indica lugar, tiempo, medio de transporte:
- **En** 1981 mi hermana nació (tiempo)
- Jugué al fútbol **en** la playa (lugar)
- Viajaré **en** avión (medio de transporte)

LOS INDEFINIDOS

Invariables		
alguien	nadie	algo
nada	más	menos
cada		

Variables	
En número	En género y número
	alguno/a/os/as
	ninguno/a/os/as
	demasiado/a/os/as
	mucho/a/os/as
	poco/a/os/as
bastante/s	todo/a/os/as
cualquiera/cualesquiera	tanto/a/os/as
tal/tales	otro/a/os/as
	uno/a/os/as
	vario/a/os/as
	cierto/a/os/as

174 ciento setenta y cuatro

LOS NUMERALES CARDINALES

Unidades		Decenas		11 a 19		21 a 29	
0	cero						
1	uno	10	diez	11	once	21	**veinti**uno
2	dos	20	veinte	12	doce	22	**veinti**dós
3	tres	30	treinta	13	trece	23	**veinti**trés
4	cuatro	40	cuarenta	14	catorce	24	**veinti**cuatro
5	cinco	50	cincuenta	15	quince	25	**veinti**cinco
6	seis	60	sesenta	16	dieciséis	26	**veinti**séis
7	siete	70	setenta	17	diecisiete	27	**veinti**siete
8	ocho	80	ochenta	18	dieciocho	28	**veinti**ocho
9	nueve	90	noventa	19	diecinueve	29	**veinti**nueve

- A partir de la decena **30**, los numerales se escriben en separado por la **y**: treinta y uno, cuarenta y dos, cincuenta y tres…

CONJUNCIONES COPULATIVAS Y DISYUNTIVAS

	Para sumar acciones		Para escoger entre dos acciones
Y	delante de palabras que no empiezan con i-/hi-	O	delante de palabras que no empiezan con o-/ho-
E	delante de palabras que empiezan con i-/hi-	U	delante de palabras que empiezan con o-/ho-

PARA INDICAR LA FRECUENCIA CON QUE SE HACE ALGO

nunca	casi nunca	raramente
algunas veces	a veces	a menudo/ frecuentemente
una vez al día	dos veces a la semana	tres veces al mes
cuatro veces al año	casi siempre	siempre

LOS SUFIJOS -AZO; -AZA

Los sufijos **-azo**, **-aza** forman nombres que, entre otras cosas, dan idea de:

- golpe: escobazo (golpe dado con la escoba); taconazo (golpe dado con el tacón);
- afecto y calidad: tipazo (buen tipo); golazo (bello gol).

LOS SIGNOS DE PUNTUACIÓN

¿? los signos de interrogación delimitan las frases interrogativas, indicando el tono con que se debe hablar. El primero ¿ se usa al inicio de la frase; el segundo ? al final.

¡! los signos de exclamación delimitan las frases exclamativas, indicando el tono con que se debe hablar. El primero ¡ se usa al inicio de la frase; el segundo ! al final.

( ) los paréntesis se utilizan de manera general para hacer comentarios. En las sinopsis de película, se usan para informar el nombre de los personajes.

LOS VERBOS

Hablar del presente

- Verbos regulares

	Pronombres	-ar (hablar)	-er (comer)	-ir (vivir)
Singular	Yo	habl**o**	com**o**	viv**o**
	Tú	habl**as**	com**es**	viv**es**
	Vos	habl**ás**	com**és**	viv**ís**
	Usted	habl**a**	com**e**	viv**e**
Plural	Nosotros(as)	habl**amos**	com**emos**	viv**imos**
	Vosotros(as)	habl**áis**	com**éis**	viv**ís**
	Ustedes	habl**an**	com**en**	viv**en**

- **Verbos irregulares**

Verbos que cambian la primera persona del singular:

poner: pongo **caer:** caigo **salir:** salgo **hacer:** hago

dar: doy **saber:** sé **caber:** quepo **estar:** estoy

Verbos que cambian en todas las personas excepto en la primera (**nosotros**) y segunda persona (**vosotros**) del plural y **vos**:

tener	**venir**	**oír**	**decir**
tengo	vengo	oigo	digo
tienes	vienes	oyes	dices
tenés	venís	oís	decís
tiene	viene	oye	dice
tenemos	venimos	oímos	decimos
tenéis	venís	oís	decís
tienen	vienen	oyen	dicen

Verbos totalmente irregulares:

ir	**haber**	**ser**
voy	he	soy
vas	has	eres
vas	has	sos
va	ha	es
vamos	hemos	somos
vais	habéis	sois
van	han	son

Verbos que cambian **e → ie**

entender: enti**e**ndo – enti**e**ndes – entendés – enti**e**nde – entendemos – entendéis – enti**e**nden

Verbos que cambian **o → ue**

dormir: du**e**rmo – du**e**rmes – dormís – du**e**rme – dormimos – dormís – du**e**rmen

Verbos que cambian **e → i**

pedir: p**i**do – p**i**des – pedís – p**i**de – pedimos – pedís – p**i**den

ciento setenta y cinco **175**

Chuleta lingüística: ¡no te van a pillar!

Verbos que cambian **u → ue**

jug**ar**: **jue**go – **jue**gas – jugás –**jue**ga – jugamos – jugáis – **jue**gan

Verbos que cambian **g → j**

correg**ir**: corri**j**o – corriges – corrige – corregimos – corregís – corrigen

Verbos que cambian **c → z**

venc**er**: ven**z**o – vences – vence – vencemos – vencéis – vencen

Verbos que cambian **c → zc**

conoc**er**: cono**zc**o – conoces – conoce – conocemos – conocéis – conocen

- Verbo reflexivo

Pronombres / Verbo	Llamarse
yo	me llamo
tú	te llamas
vos	te llamás
él / ella / usted	se llama
nosotros / nosotras	nos llamamos
vosotros / vosotras	os llamáis
ellos / ellas / ustedes	se llaman

Hablar de existencia

Hay	Singular	**Hay** una farmacia cerca de aquí.
	Plural	**Hay** tres farmacias cerca de aquí.

Hablar de localización

Estar	Singular	La farmacia **está** a 3 km de aquí.
	Plural	Las farmacias **están** cerca del hospital.

Expresar gustos y disgustos

Gustos	Disgustos
preferir	detestar
adorar	odiar
gustar	disgustar
encantar	molestar
atraer	fastidiar

Pronombres / Verbo	Preferir	Adorar	Odiar	Detestar
yo	prefiero	adoro	odio	detesto
tú	prefieres	adoras	odias	detestas
vos	preferís	adorás	odiás	detestás
él / ella / usted	prefiere	adora	odia	detesta
nosotros / nosotras	preferimos	adoramos	odiamos	detestamos
vosotros / vosotras	preferís	adoráis	odiáis	detestáis
ellos / ellas / ustedes	prefieren	adoran	odian	detestan

Pronombres / Verbos	Gustar Encantar Atraer Disgustar Molestar Fastidiar	Verbo en infinitivo
a mí **me**	gusta	comprar
a ti/ a vos **te**	encanta	comer
a él/ a ella/ a usted **le**	atrae	salir
a nosotros(as) **nos**	disgusta	dormir
a vosotros(as) **vos**	molesta	pensar
a ellos/ a ellas/ a ustedes **les**	fastidia	sonreír

Pronombres / Verbos	Gustar Encantar Atraer Disgustar Molestar Fastidiar	Sustantivo singular
a mí **me**	gusta	la playa
a ti/ a vos **te**	encanta	el cole
a él/ a ella/ a usted **le**	atrae	mi prima
a nosotros(as) **nos**	disgusta	su familia
a vosotros(as) **vos**	molesta	ese coche
a ellos/ a ellas/ a ustedes **les**	fastidia	aquel niño

Pronombres / Verbos	Gustar Encantar Atraer Disgustar Molestar Fastidiar	Sustantivo plural
a mí **me**	gusta**n**	las playas
a ti/ a vos **te**	encanta**n**	los colegios
a él/ a ella/ a usted **le**	atrae**n**	mis primas
a nosotros(as) **nos**	disgusta**n**	sus familias
a vosotros(as) **vos**	molesta**n**	esos coches
a ellos/ a ellas/ a ustedes **les**	fastidia**n**	aquellos niños

Hablar del futuro

Pronombres	Futuro simple - verbos regulares		
	-ar (hablar)	**-er** (comer)	**-ir** (escribir)
yo	hablar**é**	comer**é**	escribir**é**
tú/vos	hablar**ás**	comer**ás**	escribir**ás**
él/ella/usted	hablar**á**	comer**á**	escribir**á**
nosotros(as)	hablar**emos**	comer**emos**	escribir**emos**
vosotros(as)	hablar**éis**	comer**éis**	escribir**éis**
ellos/ellas/ustedes	hablar**án**	comer**án**	escribir**án**

Algunos irregulares		
decir	dir-	diré, dirás…
hacer	har-	haré, harás…
querer	querr-	querré, querrás…
haber	habr-	habré, habrás…
poder	podr-	podré, podrás…
saber	sabr-	sabré, sabrás…
caber	cabr-	cabré, cabrás…
tener	tendr-	tendré, tendrás…
poner	pondr-	pondré, pondrás…
venir	vendr-	vendré, vendrás…
salir	saldr-	saldré, saldrás…
valer	valdr-	valdré, valdrás…

El imperativo

Cantar	Comer	Abrir
canta (tú)	come (tú)	abre (tú)
cantá (vos)	comé (vos)	abrí (vos)
cante (usted)	coma (usted)	abra (usted)
cantemos (nosotros)	comamos (nosotros)	abramos (nosotros)
cantad (vosotros)	comed (vosotros)	abrid (vosotros)
canten (ustedes)	coman (ustedes)	abran (ustedes)

Los verbos que **diptongan** o que sufren **cambio de vocal** en primera persona singular en el presente de indicativo mantienen la irregularidad también en imperativo:

Pensar	Volver	Servir
piensa (tú)	vuelve (tú)	sirve (tú)
pensás (vos)	volvés (vos)	servís (vos)
piense (usted)	vuelva (usted)	sirva (usted)
pensemos (nosotros)	volvamos (nosotros)	sirvamos (nosotros)
pensad (vosotros)	volved (vosotros)	servid (vosotros)
piensen (ellos)	vuelvan (ellos)	sirvan (ellos)

Formas apocopadas del imperativo de "tú"

decir	hacer	poner	salir	ser	tener	venir
di	haz	pon	sal	sé	ten	ven

Algunos verbos irregulares

	Ser	Ir	Saber
(yo)	–	–	–
(tú)	sé	ve	sabe
(vos)	sé	andá	sabé
(usted)	sea	vaya	sepa
(nosotros)	seamos	vayamos	sepamos
(vosotros)	sed	id	sabed
(ellos)	sean	vayan	sepan

¡Para ampliar!: ver, leer, oír y navegar...

Unidad 1: Identidad: ¡a comparar a los otros conmigo!

Ver videos...

- **1492: la conquista del paraíso**, de Ridley Scott. España y Francia, 1992.
  Aventura que cuenta la historia de descubrimiento de América a través de la llegada de Cristóbal Colón en las tres carabelas Niña, la Pinta y Santa María a San Salvador.

- **14 kilómetros**, de Gerardo Olivares. España, 2007.
  Película sobre los 14 kilómetros de distancia que separan África de Europa, barrera que aleja los sueños de millones de africanos que se van a España u otro país al norte como la única alternativa para huir del hambre y de la miseria.

Leer...

- **Guantanamera**, de Dolores Soler-Espiauba. Barcelona: Difusión, 1999.
  Priscila y Lisa son gemelas que se separaron en la niñez. Una viajó con su madre a Estados Unidos y la otra se quedó en Cuba con su padre. Después de 18 años sin verse se encuentran en La Habana.

- **Antología de cuentos indígenas de Guerrero**, de Rosa Román Lagunas. México: Consejo Nacional para la Cultura y las Artes, 2007.
  Compilación de cuentos resultado de diferentes concursos de literatura infantil y juvenil sobre la cultura de las lenguas indígenas en México.

Oír canciones...

- **300 kilos**, del grupo de *rock* español Los Coyotes.
  Esta canción está incluida en el CD también titulado *300 kilos*, de 2004. La canción cita los nombres de los países latinoamericanos y trata de la relación fraterna entre ellos.

- **Canción con todos**, de los argentinos Armando Tejada Gómez y Cesar Isella.
  Esta canción fue compuesta en 1969 y adoptada como himno en toda Latinoamérica. Es famosa por su presencia en reuniones de presidentes de países hispanohablantes y muy conocida en la voz de la cantante argentina Mercedes Sosa.

Navegar en internet...

- <www.chavodel8.com>. Acceso el 24 de mayo de 2011.
  Sitio en que encontrarás la historia del *Programa Chavo del 8*. Se pueden escuchar sus canciones, jugar a distintos juegos, ver dibujos animados y leer más sobre los personajes de ese famoso programa mexicano.

- <www.misapellidos.com>. Acceso el 24 de mayo de 2011.
  Sitio en que encuentras informaciones sobre origen, significado y otras curiosidades sobre los apellidos.

Unidad 2: Cine en casa: ¡a convivir la familia y la pandilla!

Ver videos...

- **El Bola**, de Achero Mañas. España, 2000.
  Pablo es conocido por su apodo El Bola, convive en un ambiente familiar violento y por eso se siente muy avergonzado. A su barrio llegan unos nuevos vecinos, un matrimonio con varios hijos. Pronto se hace amigo de Alfredo, lo que cambia su visión del mundo.

- **Familia Rodante**, de Pablo Trapero. Argentina, España, Francia, Alemania y Brasil, 2004.
  La abuela Emilia cumple 84 años. Muy emocionada, anuncia a toda su familia que su sobrina la ha elegido como madrina de su boda, que se celebrará a 1.500 kilómetros de allí. A partir de ese momento la abuela, sus hijas, sus nietos, bisnietos, yernos, novios y amigas viven interesantes experiencias durante el viaje. Es un momento inolvidable en la vida de esta familia.

Leer...

- **Querido hijo: estás despedido**, de Jordi Sierra i Fabra. España: Alfaguara, 2002.
  Miguel es muy desordenado y no organiza nunca su habitación. Un día su madre le da una carta de despido diciéndole que tiene que abandonar la casa durante 3 meses y buscar trabajo y casa. El chico piensa que es una broma de su madre pero es muy serio...

- **Cuando los gatos se sienten tan solos**, de Mariasun Landa. España: Anaya, 1998.
  Las relaciones entre los componentes de la familia de Maider se ven abaladas con la entrada de un componente más, Ofelia, una gata desvalida encontrada en la calle.

Oír canciones...

- **Familia**, del grupo brasileño Titãs.
  Esta canción está incluida en el CD Acústico, de 1997. La canción habla de la relación entre las personas de una familia: se aman pero también pelean entre sí.

- **La familia polillal**, de la argentina María Elena Walsh.
  Esta canción está incluida en el CD *Canciones para mirar*, de 1967. La canción habla de una familia de polillos que vive en los roperos comiendo toda la lana.

Navegar en internet...

- <www.myheritage.es/?utm_source=verwandt&utm_medium=redirect&utm_campaign=www.miparentela.com>. Acceso el 24 de mayo de 2011.
  En este sitio, podrás hacer tu propio árbol genealógico y conocerás otras familias que existen en el mundo.

- <www.casareal.es>. Acceso el 6 de junio de 2011.
  En este sitio, te informarás sobre la agenda de la familia real española y conocerás un poco más sobre la historia de la forma de gobierno de España.

Unidad 3: Noticias de nuestro entorno: ¡a cuidar el medio ambiente!

Ver videos...

- **Buscando a Nemo**, de Andrew Stanton. Estados Unidos, 2003.
  Una película de animación digital que cuenta la historia de un pez payaso que busca a su hijo, raptado por unos buceadores para servir de adorno en una pecera.

- **Lixo extraordinário**, de Lucy Walker, João Jardim y Karen Harley. Brasil y Reino Unido, 2010.
  Documental sobre la figura del artista brasileño Vik Muniz y su relación con los recolectores del mayor basurero del mundo, Jardim Gramacho, en Rio de Janeiro.

Leer...

- **Naturaleza amenazada**, de Ana Isabel Briones. São Paulo: Moderna, 2007.
  Carmen y sus amigos están en un campamento. Carmen les relata que, durante un viaje anterior que hizo a ese mismo lugar, vio muchos peces muertos a la orilla del río. Todos se reúnen para denunciar un crimen ambiental.

- **Flicts**, de Ziraldo. São Paulo: Melbooks, 2003.
  En este libro, se cuenta la historia de un color muy raro y muy triste. Este color se encuentra con otros tonos tales como azul, rosado, verde y púrpura y nos conmueve con una historia de magia y poesía. El original es en portugués, pero se lo puede encontrar en español con la traducción de Rosa S. Corgatelli.

Oír canciones...

- **Cinco siglos igual**, del cantor argentino León Gieco.
  La canción mezcla ritmo folclórico al *rock* latino. Trata de la historia humana, de la explotación del trabajo de los pueblos y de la relación de los seres humanos con la naturaleza. Se la encuentra en el CD *El vivo de León*, de 2003.

- **¿Dónde jugarán los niños?**, del grupo de *rock* mexicano Maná.
  La canción trata del problema de los espacios para los juegos de los niños. Se encuentra en el álbum de mismo nombre *¿Dónde jugarán los niños?*, de 1992.

Navegar en internet...

- **<www.youtube.com/watch?v=tWRt1p5zGGI>**. Acceso el 24 de mayo de 2011.
  Propaganda de la ONG Greenpeace, intitulada *Salva tu mundo*, en defensa de la preservación ambiental.

- **<www.portaldelmedioambiente.com>**. Acceso el 24 de mayo de 2011.
  Informaciones, noticias, artículos sobre el tema del medio ambiente. Puedes registrarte y participar, si quieres.

Unidad 4: Autoestima en test: ¡a gustarse y a cuidarse!

Ver videos...

- **Patito feo**, de Marcelo Tinelli. Argentina, 2007-2008.
  Telenovela argentina, exhibida entre los años 2007 y 2008, para niños y adolescentes. La chica Patricia, conocida como Patito, se enamora a primera vista de Matías, pero tiene problemas de autoestima a causa de su apariencia. Patito tiene tres sueños: conocer a su papá, tornarse cantante y ser la novia de Matías. La apertura de la telenovela está disponible en: < www.youtube.com/watch?v = CUs00PqfAfA >. Acceso el 24 de mayo de 2011.

- **El patito feo**, de Walt Disney. Estados Unidos, 1939.
  Corto metraje de animación producido por Disney, en 1939, que recuenta la fábula del patito que se siente rechazado a causa de su apariencia. Disponible en: < www.youtube.com/watch?v = jYI5Pflots0 >. Acceso el 24 de mayo de 2011.

Leer cómics...

- **Frente al espejo**, de Liani Moraes. São Paulo: Santillana/Moderna, 2005.
  Cristina y Mateus no se sienten satisfechos con su propio cuerpo. Ella se ve gorda y él se considera muy delgado. En la búsqueda por la mejor imagen, sus organismos no resisten y se ven obligados a repensar actitudes y estereotipos.

- **Mónica y su pandilla**, de Mauricio de Sousa. São Paulo: Abril.
  Nuestros amiguitos brasileños (Mónica, Cebollita, Magali y Cascarón) ahora hablan español y van a ayudarte a aprender la lengua de forma mucho más entretenida. A pesar de sus características consideradas por algunos como defectos, ellos son felices y se divierten juntos.

Oír canciones...

- **Antes muerta que sencilla**, de la cantante española María Isabel.
  La cantante española María Isabel tenía 9 años cuando compuso y presentó "Antes muerta que sencilla" en el Festival de Eurovisión Júnior en 2004. El ritmo de la canción es danzante, mezcla de flamenco y música árabe, y la letra nos hace pensar sobre el ideal de belleza que las mujeres, aunque niñas, intentan alcanzar. Está en el álbum *No me toques las palmas que me conozco*, de 2004 y es su canción más famosa.

- **Rebelde**, del grupo mexicano RBD.
  El grupo RBD fue un grupo musical que surgió a partir de la telenovela mexicana Rebelde. La música trata de la rebeldía, de los cambios de humor y de las intensas relaciones entre los adolescentes. Se encuentra en el CD de mismo nombre, *Rebelde*, de 2004.

Navegar en internet...

- **<www.ivoox.com/psicologia-anorexia-bulimia-audios-mp3_rf_35383_1.html>**. Acceso el 24 de mayo de 2011.
  Documental sobre la anorexia y la bulimia.

ciento setenta y nueve **179**

¡Para ampliar!: ver, leer, oír y navegar...

- <www.parateens.com.ar/>. Acceso el 24 de mayo de 2011.
  Revista para niños y preadolescentes. Posee una sección de testes sobre autoestima, amor y amistad.

Unidad 5: Recetas para disfrutar: ¡a distribuir la comida!

Ver videos...

- **Ratatouille**, de Brad Bird. Estados Unidos, 2007.
  Cuenta la historia de un ratón que vive en Paris y sueña en ser chef de cocina. Ganó el Óscar de 2008 como mejor película de animación.
- **Chocolate**, de Lasse Hallström. Reino Unido, 2000.
  Una madre soltera y su hija se quedan a vivir en una nueva ciudad, un pueblecito lejano, donde abren una chocolatería con dulces para todos los gustos y necesidades sentimentales.

Leer...

- **Por la cocina española**, de Gil Guerra y Carmen Piedad. Madrid: SGEL, 2010.
  Una viajera nos cuenta sus andanzas y experiencias en su recorrido por la Península Ibérica desde Castilla y León hasta el litoral levantino a través de sabrosísimas recetas.
- **La comida en el mundo**, de Rachel Fuller. Madrid: Ediciones SM, 2010.
  Un libro para conocer las diferentes comidas del mundo: marroquí, británica, india, mexicana y japonesa.

Oír canciones...

- **El Cheff Saverio**, de la telenovela argentina *Chiquititas*.
  Música que forma parte de la banda sonora de la telenovela *Chiquititas*, exhibida por primera vez en Argentina en 1995 y 1996. Tiene ritmo *pop* y trata del acto de cocinar, citando el nombre de varios alimentos. Forma parte del CD *La música de Chiquititas* (v. II), de 1996. En la versión brasileña de la telenovela, esa canción se tradujo como "O Chef Chico".
- **Prepárame la cena**, del dúo puertorriqueño Calle 13.
  Canción de protesta, que trata del hambre y de las dificultades de vivirse en sociedad. Su ritmo es el *hip-hop*. Presente en el CD *Entren los que quieran*, de 2010.

Navegar en internet...

- <http://saludyalimentacion.consumer.es/descubre-como-es-tu-alimentacion>. Acceso el 31 de mayo de 2011.
  Para hacer un test sobre alimentación sana.
- <www.eufic.org/article/es/page/BARCHIVE/expid/basics-nutricion-ninos-adolescentes>. Acceso el 31 de mayo de 2011.
  Para que sepas un poco más sobre nutrición, medicina natural, etc.

Unidad 6: Reglas para un juego limpio: ¡a tener deportividad!

Ver videos...

- **Quiero ser como Beckham**, de Gurinder Chadha. Gran Bretaña, 2002.

Jesminder es una chica de 18 años que vive con su familia hindú en Londres. Sus padres quieren que sea una perfecta esposa india, pero ella solo quiere jugar al fútbol así como su héroe, David Beckham. Así entrará en conflicto con su familia y usará varias estrategias para poder hacer realidad sus deseos.

- **Golpe de Estadio**, de Sergio Cabrera. Colombia, 1998.
  En 1993, en un pequeño pueblo colombiano, Buenavista, la selección de Colombia avanza triunfalmente en las eliminatorias sudamericanas. Mientras tanto las FARC y el ejército mantienen continuos enfrentamientos, lo que desencadena un terrible accidente que destruye las dos únicas televisiones de la zona, justo en la época de la preselección para el mundial de 94.

Leer...

- **Las reglas y características de todos los deportes**, Silvia Ferreti y Paolo Ferreti. Léon: Everest, 2008.
  Libro de consulta, con fotografías en color, para aquellos que desean conocer de una manera más profunda las diferentes disciplinas deportivas que se practican en el mundo, sus reglas y características.
- **Astérix y los Juegos Olímpicos**, Albert Uderzo y René Goscinny. Barcelona: Salvat, 2000. Traducción Jaime Perich.
  Astérix y sus amigos reconstruyen a través de su historieta la magia de los Juegos Olímpicos, resaltando modalidades y deportes importantes.

Oír canciones...

- **Waka, waka (Esto es África)**, Shakira y Freshlyground.
  Esta fue la canción elegida como tema oficial de la Copa Mundial de Fútbol FIFA de 2010, grabada por la cantante colombiana Shakira y el grupo sudafricano Freshlyground. Mezcla de *pop* danzante, música árabe y ritmos sudafricanos, la canción trata de la emoción de un partido de fútbol y de un torneo mundial. Está en el álbum *Listen Up! The Official 2010 FIFA World Cup Album*, de 2010.
- **Me gusta el fútbol**, Melendi.
  Canción del cantante español Ramón Melendi Spina, mezcla de rumba, *pop* y flamenco. La canción se compuso como *single* publicitario para una campaña televisa y se popularizó como homenaje a los aficionados al fútbol. En su repertorio, Melendi tiene varios temas sobre deportes. "Me gusta el fútbol" está en el CD de mismo nombre, de 2007.

Navegar en internet...

- <www.saludalia.com/Saludalia/web_saludalia/vivir_sano/doc/ejercicio/doc/deportes_recomendados_nino_adolescente.htm>. Acceso el 30 de enero de 2012.
  Deportes recomendados en niños y adolescentes: ¿qué efectos tiene el ejercicio sobre el crecimiento?
- <www.olimpiadasespeciales.net/>. Acceso el 30 de enero de 2012.
  Sitio electrónico sobre las Olimpíadas Especiales.

Unidad 7: Derecho y justicia: ¡a protestar en contra de los prejuicios!

Ver videos...

- **Mulán**, de Barry Cook y Tony Bancroft. Estados Unidos, 1998. Película de animación que cuenta la historia de Mulán, una joven china que se disfraza de hombre para entrar en el ejército imperial y evitar que su anciano padre sea llamado a filas para defender al Emperador del acoso de los Hunos.

- **El jorobado de Notre Dame**, por Gary Trousdale y Kirk Wise. Estados Unidos, 1996. Basada en la novela clásica de mismo nombre de Victor Hugo, la película cuenta la historia del campanero Quasímodo que sufre por ser jorobado, pero ayudado por sus amigos, descubre sus derechos y se enfrentará a los planes del malvado hechicero y dueño de circo Sarousch que lo quiere hacer prisionero.

Leer...

- **Acoso escolar ¡No!**, de Stéphanie Duval y Manu Boisteau. Madrid: Ediciones San Pablo, 2006. El libro se destina al público juvenil y se compone por seis historias en cómic que tienen como finalidad enseñar a los estudiantes cómo romper la espiral de violencia que el acoso conlleva. Incluye un pequeño diccionario.

- **Niños como yo alrededor del mundo**, de Rita Schnitzer. Barcelona: Elfos, 2005. Con lindas ilustraciones, el libro retrata la diversidad de las culturas humanas en todo el mundo en cuentos llenos de humor.

Oír canciones...

- **Tren al sur**, de Los Prisioneros. Banda musical muy importante para el *rock* chileno. La mayoría de sus canciones son una protesta contra la dictadura. El tema "Tren al sur" trata del viaje hacia la libertad. Está en el CD *Pateando Piedras*, de 1986.

- **Botas locas**, de Sui Generis. La canción, del dúo formado por Charly García y Nito Mestre, es una de las más representativas del *rock* argentino. La canción trata de un joven de veinte años que no quiere ingresar al ejército porque no le gustan las armas ni la guerra. Está en el CD *Pequeñas anécdotas sobre las instituciones*, de 1974.

Navegar en internet...

- <www.unicef.org/argentina>. Acceso el 24 de mayo de 2011. En este sitio, encontrarás noticias y campañas en pro de los niños y niñas de Argentina y de todo el mundo.

- <www.mimdes.gob.pe/>. Acceso el 24 de mayo de 2011. Este sitio electrónico es del Ministerio de la Mujer y del Desarrollo Social de Perú. Ahí encontrarás programas nacionales que se hacen en Perú sobre la equidad de género, protección y desarrollo social de poblaciones vulnerables y que sufren exclusión.

Unidad 8: Itinerarios de viaje: ¡a planificar las vacaciones!

Ver videos...

- **Manuelita**, de García Ferré. Argentina, 1999. Basado en el cuento de María Elena Wash, Manuelita es una tortuga que con mucho esfuerzo viaja a Paris para trabajar en la alta costura. Ella tiene muchos amigos que la acompañan en los peligros del camino. La historia reafirma la importancia de la amistad y la confianza en los valores humanos.

- **El viaje de Chihiro**, de Hayao Miyazaki. Japón, 2001. Chihiro es una niña de diez años que, al cambiar de casa, se pierde de sus padres. A partir de allí, ella tiene que trillar sola el camino de vuelta, en medio a una epopeya mágica, llena de aventuras y peligros. Película ganadora del Oso de Oro y del Óscar de mejor película animada, en 2002.

Leer...

- **Vacaciones al sol**, de Lourdes Miguel y Neus Sans. Barcelona: Difusión, 1996. De vacaciones en la Costa Brava, la detective Lola Lago conoce a Nilsson, un sueco de mediana edad que ha sido victima de una estafa inmobiliaria.

- **El viaje de Doble-P**, de Fernando Lalana e ilustrado por Laura Ferracioli. Barcelona: Editorial Bambú, 2008. Doble-P es un extraterrestre que vive muy aburrido en su planeta y por eso decide viajar por todo el universo, hasta que conoce el planeta Tierra. ¿Hará amigos allí?

Oír canciones...

- **Llegan las vacaciones de Phineas y Ferbs**, versión en español, 2008. Música de apertura de la serie que forma parte de la banda sonora del dibujo animado televisivo Phineas y Ferbs de Dan Povenmire y Jeff Marsh. Phineas y Ferbs son dos hermanos que en todos los episodios viven aventuras en sus vacaciones de verano. La canción trata sobre la necesidad de aprovechar los tres meses de vacaciones, que pasan muy deprisa.

- **Vacaciones**, Dulce María. Canción de gran éxito de la cantante y actriz mexicana Dulce María. Está en el CD *Extranjera*, de 2010. Tiene como estribillo la frase "Me merezco unas vacaciones de tu amor".

Navegar en internet...

- <www.gulliverlapelicula.es/>. Acceso el 2 de marzo de 2012. Sitio sobre la película Los viajes de Gulliver. En él se puede jugar futbolín en línea, ver el tráiler y descargar fotos de la película.

- <www.disney.es/DisneyChannel/supersites/phineasandferb/>. Acceso el 2 de marzo de 2012. Sitio oficial de Phineas y Ferb en español, con juegos, músicas y curiosidades sobre sus aventuras de vacaciones.

ciento ochenta y uno **181**

Glosario

A

Aburrido - chato, enjoado, aborrecido
Adelgazar - emagrecer
Afiche - cartaz
Apellido - sobrenome
Apodo - apelido
Árbol - árvore
Arreglar - arrumar
Autobús - ônibus

B

Ballena - baleia
Basura - lixo
Beca - bolsa de estudos
Borrador - apagador ou rascunho
Botella - garrafa

C

Cachetes - bochechas
Camarero - garçon
Ceja - sobrancelha
Celoso - ciumento ou cuidadoso
Chimuela - banguela
Chistoso - engraçado, piadista
Coche - carro
Codo - cotovelo
Colibrí - beija-flor
Color - cor
Contenedor - lixeira
Corbata - gravata
Costumbre - costume
Cuchara - colher

D

Desayuno - café da manhã
Dibujo - desenho
Diseñador - desenhista ou *designer*

E

Echar de menos - sentir falta
Elegir - escolher
Empezar - começar
Encuesta - enquete
Enhorabuena - parabéns, felicitações
Entretenido - divertido, legal
Escalera - escada
Espejo - espelho
Estirar - esticar

F

Franja de edad - faixa etária

G

Gafas - óculos
Galletas - biscoitos
Garbanzo - grão-de-bico
Gorra - boné

H

Hacer - fazer
Hambre - fome
Hasta - até
Hermano, hermana - irmão, irmã
Hijo, hija - filho, filha
Hincha - torcedor
Hinchada - torcida
Hogar - lar

I

Invierno - inverno
Isla - ilha

J

Jugar - brincar ou jogar
Juguete - brinquedo

L

Lienzo - tela
Ludoteca - brinquedoteca

M

Maja - legal, simpática
Mariquita - joaninha
Marrana - suja, imunda
Mascota - mascote, animal de estimação
Mejillas - bochechas
Mellizos - gêmeos idênticos
Moco - meleca
Muñeca - boneca ou pulso, munheca

N

Niñez - infância
Niño, niña - menino, menina
Niños - meninos ou crianças

O

Otoño - outono

P

Pandilla - turma
Pantalón - calças
Paquete - pacote
Pareja - dupla ou companheiro
Pasta - espaguete
Pavo real - pavão
Película - filme
Peligro - perigo
Peluquero - cabeleireiro
Perezoso - preguiçoso
Pestaña - cílios
Pizarra - quadro negro
Pollo - frango
Postre - sobremesa

Q

Quedar - ficar, ter ou marcar um encontro

R

Reina - rainha
Rellenar - rechear ou preencher
Reflejar - refletir
Riesgo - risco
Rodillas - joelhos
Rojo - vermelho
Ruta - rota

S

Semillas - sementes
Sirena - sereia
Sobrenombre - apelido
Sombrero - chapéu
Sueño - sono ou sonho

T

Taller - oficina, curso
Tapa - capa ou tampa
Tarjeta - carteira (tarjeta de identidad: carteira de identidade)
Tirar - jogar
Tobillo - tornozelo
Toronja - toranja, jamboa
Trozo - pedaço

U

Ubicar - localizar
Uña - unha

V

Vacaciones - férias
Verano - verão

Z

Zapatillas - sapatilha, chinelo ou tênis (zapatillas deportivas)
Zapato - sapato

Referencias bibliográficas

ALONSO, E. *¿Cómo ser profesor y querer seguir siéndolo?* Madrid: Edelsa, 1994.

BARROS, L. F. P. *Notícias na(da) escola*: a leitura da argumentatividade no gênero notícia em sala de aula. Dissertação (Mestrado). Faculdade de Letras/UFMG, 2002.

BEAUGRANDE, R.-A. de; DRESSLER, W. U. *Introducción a la lingüística del texto*. Trad. Sebastián Bonilla. Barcelona: Ariel, 1997.

BRASIL. Constituição da República Federativa do Brasil de 1988. Sacado de: < www.presidencia.gov.br >. Acceso el 23 de febrero de 2012.

_____. *Leis de Diretrizes e Bases da Educação Nacional (LDB)* Lei n. 9394, 20-12-1996. Sacado de: < www.presidencia.gov.br >. Acceso el 23 de febrero de 2012.

_____. Ministério da Educação e Cultura. Secretaria de Educação Básica. *Orientações curriculares para o Ensino Médio*: linguagens, códigos e suas tecnologias. Brasília, 2008.

_____. Ministério da Educação e Cultura. Secretaria de Educação Fundamental. *Parâmetros curriculares nacionais*: terceiro e quarto ciclos do Ensino Fundamental – apresentação dos temas transversais. Brasília, 1998.

_____. Ministério da Educação e Cultura. Secretaria de Educação Fundamental. *Parâmetros curriculares nacionais*: terceiro e quarto ciclos do Ensino Fundamental – língua estrangeira. Brasília, 1998.

CASSANY, D. *Tras las líneas*: sobre la lectura contemporánea. Barcelona: Anagrama, 2006.

_____; LUNA, M.; SANZ, G. *Enseñar lengua*. Barcelona: GRAÓ, 2007.

COSSON, R. *Letramento literário*: teoria e prática. São Paulo: Contexto, 2006.

COSTA, E. G. M. Espanhol: língua de encontros. In: SEDYCIAS, J. (Org.). *O ensino do espanhol no Brasil*. São Paulo: Parábola, 2005. p. 61-70.

_____. Gêneros discursivos e leitura em língua estrangeira, *Revista do Gel*, São Paulo, v. 5, n. 2, p. 181-198, 2008.

COSTA VAL, M. G. Texto, textualidade e textualização. In: CECCANTINI, J. L. T.; PEREIRA, R. F.; ZANCHETTA JR., J. *Pedagogia cidadã*: cadernos de formação – Língua Portuguesa. São Paulo: Unesp (Pró-reitoria de Graduação), 2004. v. 1, p. 113-128.

ERES FERNANDÉZ, I. G. M. Língua e cultura: integração na aula de língua estrangeira, *Horizontes de Linguística Aplicada*, Brasília, LET/Ed. da UnB, n.1, p. 39-44, 2002.

EVANGELISTA, A. A. M.; BRANDÃO H. M. B.; MACHADO, M. Z. V. (Org.). *A escolarização da leitura literária*: o jogo do livro infantil e juvenil. 2. ed. 2. reimp. Belo Horizonte: Autêntica, 2006 (Coleção Literatura e Educação).

FARIA, M. A. *Como usar o jornal na sala de aula*. 10. ed. São Paulo: Contexto, 2008.

_____. *O jornal na sala de aula*. 12. ed. São Paulo: Contexto, 2002.

_____; ZANCHETTA Jr., J. *Para ler e fazer o jornal na sala de aula*. São Paulo: Contexto, 2007.

FAZENDA, I. *Interdisciplinaridade*: um projeto em parceria. São Paulo: Loyola, 1991.

_____ (Org.). *O que é interdisciplinaridade?* São Paulo: Cortez, 2008.

FONTCUBERTA, M. *La noticia*. Barcelona: Paidós, 1993.

FREIRE, P. *Pedagogia da autonomia*: saberes necessários à prática educativa. São Paulo: Paz e Terra, 2007.

GIOVANNY, A.; PERIS, E. M.; RODRÍGUEZ, M.; SIMÓN, T. *Profesor en acción 3*: Destrezas. Madrid: Edelsa, 2007.

GOETTENAUER, E. M. C. *El tratamiento de los géneros discursivos en el aula de E/LE*. Belo Horizonte: Ed. da UFMG, 2006. Sacado de: < www.letras.ufmg.br/espanhol/Anais/anais_paginas%20_2502-3078/El%20tratamiento.pdf >. Acceso el 23 de febrero de 2012.

KARWOSKI, A. M.; BONI, V. C. V. (Org.). *Tendências contemporâneas no ensino de línguas*. Paraná: Kaygangue, 2006.

KLEIMAN, A.; MATENCIO, M. L. M. *Letramento e formação do professor*. Campinas: Mercado de Letras, 2005.

KOCH, I. G. V. *Desvendando os segredos do texto*. 5. ed. São Paulo: Cortez, 2006.

_____. *O texto e a construção dos sentidos*. 9. ed. 2. reimp. São Paulo: Contexto, 2009.

MAGALHÃES, M. C. (Org.). *A formação do professor como um profissional crítico*. Campinas: Mercado de Letras, 2004.

MAIA GONZÁLEZ, N. Portugués brasileño y español: lenguas inversamente asimétricas. In: CELADA, M. T.; MAIA GONZÁLEZ, N. (Coord.). Gestos trazan distinciones entre la lengua española y el portugués brasileño. *Signos ELE*, año 2, n. 2, 2008. Sacado de: < www.salvador.edu.ar/sitio/signosele/aanterior.asp >. Acceso el 23 de febrero de 2012.

MARCUSCHI, L. A. Gêneros textuais: definição e funcionalidade. In: DIONISIO, A. P.; MACHADO, A. R.; BEZERRA, M. A. (Org.). *Gêneros textuais e ensino*. 2. ed. Rio de Janeiro: Lucerna, 2002.

_____. Gêneros textuais: configuração, dinamicidade e circulação. In: BRITO, K. S.; GAYDECZKA, B.; KARWOSKI, A. M. *Gêneros textuais*: reflexões e ensino. 2. ed. Rio de Janeiro: Lucerna, 2006.

MARTINEZ, P. *Didática de línguas estrangeiras*. Trad. Marco Marcionilo. São Paulo: Parábola, 2009.

MATTE BON, F. *Gramática comunicativa del español*. Barcelona: Difusión, 1996.

PORTOLÉS, J. *Marcadores del discurso*. Barcelona: Ariel, 1998.

RICHARDS, J. *Diccionario de lingüística aplicada y enseñanza de lengua*. Madrid: Ariel, 1997.

SCHNEUWLY, B.; DOLZ, J. Os gêneros escolares: das práticas de linguagem aos objetos de ensino. Trad. Glaís Sales Cordeiro. *Revista Brasileira de Educação*, n. 11, 1999.

SEDYCIAS, J. Por que os brasileiros devem aprender espanhol? In: SEDYCIAS, J. (Org.). *O ensino de espanhol no Brasil*: passado, presente, futuro. Trad. Gonzalo Abio. São Paulo: Parábola, 2005.

SOARES, M. *Letramento*: um tema em três gêneros. 2. ed. Belo Horizonte: Autêntica, 2005.

TIBA, I. *Ensinar aprendendo*: como superar os desafios do relacionamento professor-aluno em tempos de globalização. São Paulo: Gente, 1998.

VAN DIJK, T. *La noticia como discurso*: comprensión, estructura y producción de la información. Trad. Guillermo Gal. Buenos Aires: Paidós, 1990.